林徽因

生活不曾取悦我

蔡文妍 著

中国致公出版社

图书在版编目（CIP）数据

林徽因：生活不曾取悦我 / 蔡文妍著. —— 北京：中国致公出版社，2020

ISBN 978-7-5145-1727-9

Ⅰ.①林… Ⅱ.①蔡… Ⅲ.①林徽因（1904-1955）－传记 Ⅳ.① K826.16

中国版本图书馆 CIP 数据核字 (2020) 第 247848 号

林徽因：生活不曾取悦我 ／ 蔡文妍 著

出　　版	中国致公出版社
	（北京市朝阳区八里庄西里 100 号住邦 2000 大厦 1 号楼西区 21 层）
发　　行	中国致公出版社（010-66121708）
邮　　编	100025
责任编辑	丁琪德
特约编辑	陈艳芳
版式设计	新视点
印　　刷	天津中印联印务有限公司
版　　次	2020 年 12 月第 1 版
印　　次	2020 年 12 月第 1 次印刷
开　　本	880mm×1230mm　1／32
印　　张	7.5
字　　数	144 千字
书　　号	ISBN 978-7-5145-1727-9
定　　价	48.00 元

（版权所有，盗版必究，举报电话：010-82259658）
（如发现印装质量问题，请寄本公司调换，电话：010-82259658）

序言

有人说，她是民国时期最具才情的女子。有人说，她是岁月长河里一朵不败的清莲，无论世事如何变迁，她依然淡定从容。沈从文眼中的她是"绝顶聪明的小姐"，胡适眼中的她是"中国一代才女"，萧乾眼中的她是"聪慧绝伦的艺术家"。美国著名学者费正清形容她："就像一团带电的云，裹挟着空气中的电流，放射着耀眼的火花。"费正清的妻子费慰梅说她："能够以其精致的洞察力为任何一门艺术留下自己的印痕。"

她，便是"一代才女"林徽因。

林徽因出生在中西方思想碰撞最猛烈的时期，从小接受开明的家庭教育，能诗会文，又学习外国文化。十六岁随父亲旅居欧洲，开阔眼界。二十岁和梁思成赴美，攻读建筑学。

她追求时代潮流，接受当时最先进的思想和教育，与封建愚昧的旧社会格格不入，与当时社会所期待的传统女子需具备的人生目标和

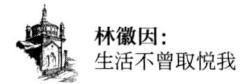
林徽因：
生活不曾取悦我

生活理想背道而驰。

她性灵洒脱，独立自由，追求浪漫主义的诗意信仰，既是诗人，也是作家。她的文字清丽脱俗、诗作情思曼妙，受到时人的广泛追捧。但文学对于她来说，只是灵感来袭时的寥寥几笔，建筑艺术，才是她一生的热爱。

早在旅居伦敦时，林徽因便确立了献身建筑艺术的志愿。赴美求学，却被宾夕法尼亚大学建筑专业以不招女生为由拒之门外，但林徽因并未因此而放弃自己的梦想。她选择了美术系，并旁听了建筑系的课程。回国后，她和丈夫梁思成在东北大学创建中国第一个建筑学系，是中国建筑学的带头人和奠基者。

林徽因擅长设计，是中华人民共和国国徽的主要设计者，并抢救了濒临绝根的民间工艺景泰蓝，还参与设计了人民英雄纪念碑碑座图案……

在硝烟四起、战火纷飞的时代，林徽因和梁思成在逃亡的过程中，依然跋山涉水到荒郊野地考察名宅古寺。他们走遍了大半个中国，考察测绘了数百处古建筑物，发现了当时中国最古老的木构建筑物佛光寺。林徽因甚至卧病在床时也依然读书著述，与梁思成共撰《中国建筑史》，为热爱的建筑事业倾注了全部力量。

林徽因长相极美，活得也极美。她与梁思成恋爱时，面容、发式、衣袜，哪处都不肯草率，梁思成每次去找她都要在楼下等二三十

序言

分钟,才见她打扮完毕,缓缓下楼。甚至在艰难的逃亡期间,一家人租住在偏僻简陋的房子里,她还是能将日子过出诗意与美感。到野外拾回粗木板将房间的地面铺好,在靠窗的墙上装一个朴素的小书架,去旧货市场淘一些旧家具布置房间,而家里的陶制土罐里也时常插着新鲜的野花。

林徽因操持着家中大小事务,照料孩子和丈夫的饮食起居,但是只要一有闲暇,她便会找一个舒适的环境,安静地看书或者研究建筑资料。在夜晚,她常常会点一炷清香,穿着睡袍在庭院中漫步,对着一池荷叶潜心雕琢清丽的诗句。

在苦难的战乱岁月,年轻的林徽因先后经历了家变、战争、逃亡,还染了肺病,生活不曾取悦她,长夜里没有为她亮起灯火,但她却活成了自己的月亮。

纵观林徽因的一生,她经历过书香世家的繁华热闹,也甘于耕耘学术的寂寞艰苦,结交了中外各领域的名流泰斗,也在贫苦病重时誓与祖国忧患与共。在无常的岁月中,她始终坚守着自由独立的精神人格,为中国建筑学呕心沥血,把半生荣耀与颠沛流离化作了绝代风华。

目 录

第一卷

林家有女初降生	002
幼女当家	007
月亮的背面	011
少女时代	016

第二卷

出国游历	022
认识建筑学	028
一段风花雪月的"情事"	032
徐志摩的浪漫	036
划清界限	043

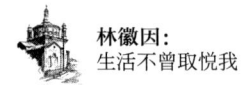

第三卷

与梁思成相恋	050
接待泰戈尔	057
留学时光	064
磨难重重	071
毕业在即	078
蜜月之旅	083

第四卷

东北大学任教	092
梁父仙逝	098
香山静养	104
中国营造学社	113

第五卷

太太的客厅	122
深情的邻居	129
徐志摩之死	139
"八宝箱"谜案	148
一生挚友：费正清和费慰梅	156

第六卷

考察独乐寺	166
考察大同古建筑	172
山西之行	178
探寻佛光寺	185

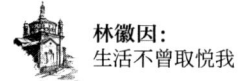

林徽因：
生活不曾取悦我

第七卷

流亡昆明	192
蛰居李庄	199
北归	206
国士无双	214
生命的寒冬	222

第一卷

林徽因：
生活不曾取悦我

林家有女初降生

杭州，一座被誉为人间天堂的千年古城。这里有烟雨朦胧的西湖，有炊烟袅袅的江南小巷，行走在这座城市之中，似雾里看花，又似水中望月，清净与繁华完美地糅合在一起，一切事物都笼罩着浪漫的迷雾。而林家老宅，就坐落于西湖东侧的陆官巷之中。

林家曾是福建闽侯望族，到林孝恂这一代时已经式微，沦为布衣。林孝恂起于贫寒，曾在富户人家做教书先生以维持生计，直到清朝光绪年间，林孝恂以进士之身成为翰林，林家才因此迎来转机。

不过，林孝恂在翰林院做京官后，因家底单薄，无法负担官场应酬的大额开销，便设法寻求外放，历任杭州金华、孝丰、仁和、石门、海宁等州县的地方长官。1904年，光绪帝在位的第三十个年头，林孝恂担任杭州代理知府。

这一年正是清王朝山河破碎、内外交困之际，西方国家的新事物呼啸着涌入华夏大地，促使很多有志之士在飘摇零落的王朝黄昏中上

第一卷

下求索：康有为和梁启超资助《时报》在上海创刊，借此主张君主立宪，提倡发展民族工商业；孙中山在檀香山加入洪门致公堂，旋赴北美，宣传革命；蔡元培着手成立光复会，宣传民族主义和民主主义的思想。

同年六月十日，杭州林家宅院里，林孝恂的孙女降生了。这个初临尘世粉雕玉琢的小女孩，双眸像祖父林孝恂，脸蛋像祖母游氏，因此十分得林孝恂夫妇喜爱。游氏甚至将孙女放在自己卧房亲自照料，林孝恂则在《诗·大雅·思齐》"思齐大任，文王之母，思媚周姜，京室之妇。大姒嗣徽音，则百斯男"中选取"徽音"二字为孙女命名，希望她长大后能继承美德、慧心可待，也想着继她之后，林家能儿孙满堂。

林孝恂虽头顶乌纱，却仍不脱书卷气，平日里常穿着一身青衣布衫，随和儒雅。他喜好读书、学习医术，非常务实。或许正是因为这样，林孝恂的思想才得以摆脱封建社会的桎梏。游氏也喜好典籍，并工于书法，是一位秀外慧中的才女。他们夫妇二人都很重视教育，对子女的教育也非常开明，不仅请来国学大师讲解四书五经，还找来新派名流教授天文地理、介绍境外概况，甚至还聘请外籍教师教习英文与日文。

在这样开明的家庭教育下，林家后辈大都能诗会文，走在了学习外国文化、追求时代潮流的前线。林孝恂的两个儿子林长民、林天

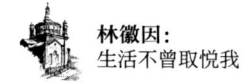

林徽因：
生活不曾取悦我

民，先后赴日本求学，后来都成为知名的革命进步青年；五个女儿也接受了良好的教育，知书达理、博学多才。值得一提的是，在林孝恂的杭州家塾接受启蒙教育的，还有非嫡系的后辈。其中不仅有留下一篇《与妻书》便慷慨赴义的林觉民，也有与林觉民一同参加广州起义被枪杀的林尹民，二人同属"黄花岗七十二烈士"。林孝恂还资助外姓的蒋百里赴日本留学，而蒋百里后来亦成为著名的军事教育家。

林徽音的父亲林长民，在林徽音出生后不久就赴日本留学，不过好在几个出嫁的姑姑经常带着孩子回娘家来，林徽音可以与表姐妹们嬉戏玩闹，度过了一段温馨美好的童年时光。也是在这段时间里，林徽音的大姑林泽民成为林徽音的启蒙老师。林泽民从小接受林家的私塾教育，琴棋书画样样精通，诗词歌赋也有很高的造诣，她教导林徽音读书识字，带着林徽音漫步走入书园的丛林里沾染书香的气息，让林徽音爱上了读书。

拨开时光的暮霭，我们可以看到这样的场景：年幼的林徽音手捧着一册册书本，在院子里跑来跑去，时而藏在花丛间低头吟读，时而靠在柳树旁静坐观看，时而缩在石桌边誊写诗文。也许她并不明白这些诗句是什么意思，尚不能读懂诗人心中的情怀，但却并不妨碍她觉得这些诗句是那样地美好，那样的令人沉醉不可自拔。

在林徽音六岁那年，她出了水痘，用她的家乡话叫作"水珠"。那时的林徽音觉得"水珠"这个名字美丽极了，常常忘记自己得的是

第一卷

一种病,反而感到小小的骄傲。只要有人经过她的窗口,问她:"是出'水珠'吗?"她便觉得是一种荣耀,从心底里感到愉悦。也许这个时候,诗意就在她的心底埋下了一颗种子,静候生根发芽。

在一起读书的几个姐妹中,林徽音年纪最小、最贪玩,但每次考察她功课的时候,她却能对答如流、出口成章。表姐们读十几遍都背不下的唐诗宋词,林徽音读一两遍就能很熟练地背下来。对于聪明的学生,老师总是会多几分耐心和宠爱,林泽民对林徽音也不例外,她总是对家人称赞林徽音是个极聪明的孩子。

林徽音聪慧乖巧的样子,总让人以为她会和其他传统书香门第的大家闺秀一样,怀着满腔诗情画意,循规蹈矩地过完安稳的一生。谁也没有想到,在林徽音乖巧听话的面孔下,自由独立的灵魂却在悄然盛放。

林徽音八岁那年,随祖父林孝恂移居上海。辛亥革命让摇摇欲坠的大清王朝轰然崩塌,前清官员们纷纷回老家置办田产,以求安度晚年。林孝恂却带着家人来到新开埠的上海,并将自己的积蓄拿出来入股商务印书馆,支持现代出版业。林孝恂求新、务实的思想,是林家后辈无比珍贵的精神财富,让他们积极迎接新时代思想浪潮的变革,成为新时代的开拓者。

在这样的家族中成长的林徽音,能以开放的心态接受新事物,追求平等的婚姻和自由的事业。她从小接受艺术熏陶,有着扎实的文化

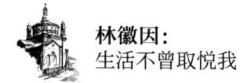

修养,后在报刊上公开发表文学作品时,发现一位与自己同名的男作家,因为有人误将她的作品和身份与这位男作家混淆,林徽音便自己改名为"林徽因"。

  林徽因就像是一朵梦中的白莲,根被秋月春风滋养着,性情温和,不灼人不伤人,是那么地温婉和坚韧,诗意和豁达,盛开在人间四月天。

第一卷

幼女当家

林徽因的父亲林长民学识渊博、才气过人。他曾中秀才,却放弃科举,选择在家中苦学英文和日文,只为赴日留学学习先进的知识和思想。林长民在日本早稻田大学毕业后,便步入政坛,想以改良的方式实现立宪政治,改革社会。

徐一士曾这样描述林长民:"躯干短小,而英发之概呈于眉宇。貌癯而气腴,美髯飘动,益形其精神之健旺,言语则简括有力。"

1911年,武昌起义爆发。林长民奔走于上海、南京、北京等地,宣传革命。南京临时政府成立后,他就任临时政府参议院秘书长,发起、组织了"共和建设讨论会",拥戴流亡日本的梁启超为领袖,并促其回国。

林长民为事业四处奔走,无暇顾及家中。因此林徽因是在大姑母林泽民的启蒙下,学会断文识字。她还开始为祖父代笔,给父亲写家信,渐渐地,家人与父亲的来往信函全部由她承转,就连母亲何雪媛

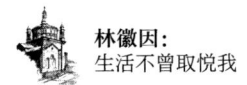

和二娘程桂林的信都由她来代笔，年仅七岁的林徽因成为父亲与家庭成员之间的通信员。

徽儿：

　　知悉得汝两信，我心甚喜。儿读书进益，又驯良，知道理，我尤爱汝。闻娘娘往嘉兴，现已归否？趾趾闻甚可爱，尚有闹癖（脾）气否？望告我。祖父日来安好否？汝要好好讨老人欢喜。兹寄甜真酥糕一筒赏汝。我本期不及作长书，汝可禀告祖父母，我都安好。

父　长民
三月廿日

　　1914年，林孝恂病逝，而林长民常年奔波在外，母亲和二娘不识字更不懂持家，林徽因不得不在家里自觉地担起大当家的职务，包括伺候两位太太，照顾年纪尚幼的弟妹，甚至连打点搬家的行装等都由她一手操办。家里所有的重担都落在年仅十岁的林徽因小小的肩膀上。

　　林长民见十岁的女儿竟然能担起长姐的责任，把家中大小事务打理得井井有条，既为她的懂事感到欣慰，又对她的未来寄予厚望。在众多孩子中，林长民最喜爱的就是林徽因，就连林徽因的二娘程桂林也承认这一点。

第一卷

在这个半封建半开明的家庭中,林长民是孤独的,两个太太完全不能理解他满腹的才情和济世救国的抱负,只有林徽因能读懂他、理解他、支持他,是他在家里唯一的知己。林长民甚至发出感概说:"做一个有天才的女儿的父亲,不是容易享的福,你得放低你天伦的辈分,先求做到友谊的了解。"

林徽因是幸运的,因为父亲把她当成朋友一样对待,她可以与父亲进行平等的对话。而林徽因做着一个让父亲满意的"天才般的女儿",其实背后也体现了她童年过于早熟的心理。她背负着父亲对她沉甸甸的期望,不敢犯一丝错误,怕惹得父亲失望,于是时刻严格要求自己做好每一件事,力争做到完美,却没有意识到自己在做一个让家人满意的孩子的同时,也失去了孩童宝贵的撒娇与任性的特权。

时局动荡不安,林长民混迹于风波诡谲的政坛,凶险万分。他在担任段祺瑞内阁司法总长没多久,就卸任与汤化龙、蓝公武去日本游历。在日本游历期间,林长民给林徽因写了一封信说:"每到游览胜地,悔未携汝来观,每到宴会,又幸汝未来同受困也。"林徽因收到父亲来信时忍不住欢呼雀跃,又感受到信中父亲对她的惦念与呵护,拿着信在院子里蹦跶了好几圈。

林徽因在家中时时记挂着父亲,想着为父亲做点什么。她注意到家里那成堆的书籍字画,零零散散地放置在书房的各个角落。于是林徽因便打算帮父亲好好整理家中的字画,等父亲回家时给他一个

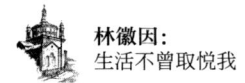

惊喜。

　　有了这个想法后,林徽因便日夜埋头在书房,把家中诸多书籍字画一件件地分类整理并编录成册。好不容易完成了这一"杰作",林徽因满心欢喜地期待着林长民回来能带着赏识赞许的目光夸奖她一番。谁知林长民回到家后,并没有夸奖林徽因,反而指出目录撰写中出现的不少纰漏。这让林徽因的心情低落,但她更多的是感到惭愧,因为自己的作品不适用,没有帮到父亲的忙。林徽因在父亲写给她的家书上批注道:"徽自信能担任编字画目录,及爹爹归取阅,以为不适用,颇暗惭。"

第一卷

月亮的背面

从表面上看，林徽因在家中既有祖父母的疼爱，也有大姑母和父亲的赏识，她在家中是集万千宠爱于一身的。然而，林徽因的童年却生活在矛盾之中，一面是阴凉，一面是暖阳；一面是冰冷，一面是温暖；一面是月亮，一面是太阳。而母亲何雪媛在林徽因的生命中扮演的就是阴凉、冰冷的"月亮的背面"。

何雪媛出生在浙江嘉兴富裕的商贾家庭，因为是家中的幺女，自幼便被父母捧在手心百般呵护，一直过着养尊处优的生活。何雪媛十四岁时便嫁给了林长民，却因没有接受过新式教育、不善女红也不会持家，既得不到丈夫的疼爱，又讨不了婆婆的欢心。

在旧时的大家族，无论丈夫如何开明，没有儿子是万万不可的，"无子"便可成为休妻的理由。何雪媛为林长民生了两个女儿，大女儿徽因和小女儿麟趾，在小女儿麟趾因病夭折后，林长民对何雪媛便越发冷淡。

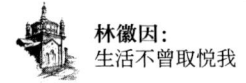
林徽因：
生活不曾取悦我

　　林家举家移居到上海后，林长民便娶了一名叫程桂林的上海女子。尽管程桂林和何雪媛一样不识一字，但程桂林性格乖巧，深谙为人处世之道，很受公婆的喜爱。程桂林进门不久，就为林长民生了梦寐以求的儿子，这让她在家中的地位直线上升，一跃成为林家真正的女主人。

　　林长民对程桂林有多柔情，对何雪媛就有多残忍。林长民从程桂林名字里取"桂林"二字，自号"桂林一枝室主"，安排程桂林母子在前院居住，与他朝夕相对，却让何雪媛在后院居住，并对其不闻不问。

　　林长民迎娶程桂林后对程何二人的区别对待，对于还没从丧女悲痛中缓过来的何雪媛来说是残酷的打击。长期处于被冷落的状态的何雪媛，将心中积蓄的悲愤和不快宣泄到了林徽因身上。

　　年幼的林徽因不得不默默承受母亲的负面情绪，听着母亲无休止的抱怨和哭诉，她感觉自己像是被一张张密密麻麻的网笼罩着，透不过气来。她偶尔在前院与弟弟妹妹们嬉笑玩耍一小会儿，回到后院后都会被母亲数落。在自己的亲生母亲面前，快乐就像是一种不可饶恕的罪过，这让林徽因感到困惑和悲伤。林徽因的儿子梁从诫在回忆母亲时曾这样写道：

　　　　我的外祖父林长民（宗孟）出身仕宦之家，几个姊妹也都能诗

第一卷

文,善书法。外祖父曾留学日本,英文也很好,在当时也是一位新派人物。但是他同外祖母的婚姻却是家庭包办的一个不幸的结合。外祖母虽然容貌端正,却是一位没有受过教育的、不识字的旧式妇女,因为出自有钱的商人家庭,所以也不善女红和持家,因而既得不到丈夫,也得不到婆婆的欢心。婚后八年,才生下第一个孩子——一个美丽、聪颖的女儿。这个女儿虽然立即受到全家的珍爱,但外祖母的处境却并未因此改善。外祖父不久又娶了一房夫人,外祖母从此更受冷遇,实际上过着与丈夫分居的孤单的生活。母亲从小生活在这样的家庭矛盾之中,常常使她感到困惑和悲伤。

梁从诫试图解读母亲当时的心境:"她爱自己的父亲,却恨他对自己母亲的无情;她爱自己的母亲,却又恨她不争气。"

林徽因对父母的感情是复杂的,童年时期的阴影,哪怕是过了几十年,也像个永不结疤的伤口一样,一直伴随着她。从林徽因向朋友诉说自己童年不幸的书信中就可见一斑:

最近三天,我自己的妈妈把我赶进了人间地狱。我并没有夸大其词。头一天我就发现我的妈妈有些没气力。家里弥漫着不祥的气氛,我不得不跟我的同父异母弟弟林恒讲述过去的事,试图维持现有的亲密接触。

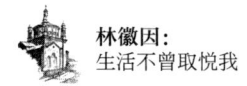
林徽因：
生活不曾取悦我

晚上就寝的时候已精疲力竭，差不多希望我自己死掉或者根本没有降生在这样一个家庭……那早年的争斗对我的伤害是如此持久，它的任何部分只要重现，我就只能沉溺在过去的不幸之中。

林徽因性格的形成，在很大程度上也受到了母亲的影响。母亲是个不能受委屈、遇事就"炸毛"的急脾气，而林徽因也遗传了母亲的性子，渐渐成为一个心直口快、脾气急躁的人。当然，被冷落的母亲给她心里蒙上了巨大的阴影，同时也促使小小年纪的林徽因懂得了现实生活的复杂，让她变得早熟、敏感、独立和要强。

多年以后，林徽因写了一篇小说《绣绣〈模影零篇四〉》，这也正是她自己童年心路历程的写照。小说的女主角是一个叫绣绣的小女孩，她生活在一个错位的家庭里，母亲很懦弱，总是生活在忌恨之中，日子过得郁郁寡欢。父亲对母亲越发冷落，后来便娶了新姨娘，有了另外一个孩子。父母无休止的争吵让绣绣感到悲哀，她想改变，却无力改变，想逃脱，却无力逃脱，她只能眼睁睁地看着这糟糕的一切。

在小说的最后，林徽因以绣绣的朋友"我"的口吻写道：

我对绣绣父母两人都恨透了，恨不得要跟他们讲理，把我所看到的各种的情形全盘不平的倾吐出来，叫他们醒悟，乃至于使他们悔过,却始终因自己年纪太小,他们情形太严重,拿不起力量,懦弱地抑制下来。但是当我咬着牙毒恨他们时,我偶然回头看到我的小朋友就坐在那里,眼睛无可奈何地向着一面,无目的地愣着,忽然使我起一种很奇怪的感觉。我悟到此刻在我看去无疑问的两个可憎可恨的人,却是那温柔和平的绣绣的父母。我很明白即使绣绣此刻也有点恨他们,但是缔结在绣绣温婉的心底的,对这两人到底仍是那不可思议的深爱!

林徽因在描写小女孩绣绣的矛盾心理时,何尝不是在借绣绣来诉说自己的痛苦呢?她恨父亲无情,她憎母亲懦弱,她想让他们改善彼此之间的关系,好好地生活,却因为自己的年纪太小,说不出来有分量的话来改变他们。事实上,她对父母依然是那不可思议的深爱!

少女时代

从林徽因八岁随着家人离开杭州开始,林家便辗转于上海、天津、北京各地居住,直到林徽因十二岁时,林家才算是正式定居于北京。

杭州西湖水面的波光潋滟,白堤沿岸的婀娜杨柳,石板雨巷的清雅丁香,那一片独属于江南的蒙蒙雨雾都离林徽因远去。取而代之的是北京城高高的城墙、方正的街道、曲折的胡同,处处都透露着古朴与庄严的气息。从饮食到住房,从语言到生活习惯,她仿佛进入了一个全新的世界。

一家人在北京安定下来后,林徽因和三个表姐一起进入培华女子中学读书。培华中学是英国教会开办的贵族学校,教风严谨,有着极高的门槛、不俗的口碑,培养了很多杰出的人才。

四姐妹出落得亭亭玉立、美丽动人。林徽因曾与表姐们合拍过一张照片,照片中她们都穿着统一的培华中学校服,上身是中式偏襟立

第一卷

领琵琶扣短袄，勾勒出纤细的腰身，下着西式及膝百褶裙，配上黑色小皮鞋，衬得人清新俏丽。四姐妹星期天走在街上总是吸引着路人的目光，还有轻薄的男子尾随而来，让她们惊恐万分，不得不叫来身材高大的表弟同行，充当保镖。

林徽因曾说："你们知道，我是在双重文化的教养下长大的，不容否认，双重文化的接触和活动对我是不可少的。"林徽因根植于传统文化的土壤，早已学习了诗词歌赋、历史典籍，虽说林家后辈从小就在家族的影响下积极学习外国文化，但林徽因真正意义上接受双重文化教养的开始，是从培华中学的西式教育开始的。

在四姐妹中，林徽因的学业是最出色的。她爱读书又好思考，受到老师和同学们的一致喜爱。对于懵懂天真的林徽因来说，培华中学就是她的世外桃源，让她得以暂时躲避家中母亲和二娘之间那无形却充满硝烟的战争，让她可以向才华横溢的老师们请教学问，和活泼开朗的同窗们玩耍嬉戏，也可以心无旁骛地静下心来好好学习和看书，还可以在阳光明媚的大草坪下懒洋洋地晒太阳。

培华中学为林徽因打开了一个全新的世界，在这里，林徽因感受到了音乐的美妙，是灵魂与灵魂之间的交响乐；体会到了美术的精彩，用一条线可以勾勒出人间的缩影；读懂了英语的迷人，是另一种广博而有趣的文化。还有对自然科学、历史、地理等学科的涉猎，让她的视野格局、见识阅历都得到极大的提升。

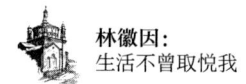

林徽因：
生活不曾取悦我

  时光无声无息，岁月不知不觉，林徽因在培华中学埋头学习了两年，已经是一个娉娉袅袅的十四岁少女。这个时期的她留下过一张照片，照片中她身着一袭白色衣裙，长长的辫子斜斜地搭在肩上，侧身而立，衣着简单朴素，却越发衬托出她精致的五官和清澈的眼神中闪现着的自信光彩。

  也正是在林徽因十四岁这一年，她认识了大她三岁的梁思成。那时的林徽因不会想到，眼前这个戴着眼镜、谈吐大方、举止绅士的男孩会成为自己的丈夫，与自己携手度过坎坷跌撞的一生。

  梁思成是梁启超的长子，当时正在清华念书。林长民和梁启超是多年的好友，他们政见相同、意气相投，曾一起推动宪政运动，是政坛"研究系"的两个顶梁柱。林长民和梁启超都有意两家结为秦晋之好，于是就安排十七岁的梁思成和十四岁的林徽因相见。

  两人的这次相见只有匆匆一眼，没有擦出爱情的火花，但是林徽因并不过分羞涩，她表现出了大家闺秀的温婉、纯净和落落大方，给梁思成留下了极深的印象。

  梁思成和林徽因的女儿梁再冰在《回忆我的父亲》中，有过这样一段描述：

  父亲大约十七岁时，有一天，祖父要父亲到他的老朋友林长民家里去见见他的女儿林徽因（当时名林徽音）。父亲明白祖父的用意，

第一卷

虽然他还很年轻,并不急于谈恋爱,但他仍从南长街的梁家来到景山附近的林家。在"林叔"的书房里,父亲暗自猜想,按照当时的时尚,这位林小姐的打扮大概是绸缎衫裤,梳一条油光光的大辫子。不知怎的,他感到有些不自在。

门开了,年仅十四岁的林徽因走进房来。父亲看到的是一个亭亭玉立却仍带稚气的小姑娘,梳两条小辫,双眸清亮有神采,五官精致有雕琢之美,左颊有笑靥;浅色半袖短衫罩在长仅及膝下的黑色绸裙上;她翩然转身告辞时,飘逸如一个小仙子,给父亲留下了极深刻的印象。

此时的林徽因在培华中学的培育下从容地完善自己的人生观、世界观,养成了乐观豁达、坚韧不拔的生活态度。她像是一朵出水芙蓉,正值含苞待放之际,等待她的是下一程的绽放,开启她光芒四射的人生。

第二卷

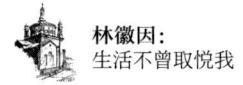

出国游历

梁思成和林徽因沉浸在校园的欢声笑语之时,他们的父辈们沉浮于曲线救国的狂涛骇浪之中。1919年,五月四日,一场震惊中外的学生运动——"五四"运动爆发。运动的直接促发者正是梁启超和林长民。

1919年初,梁启超出游欧洲,一直关注着巴黎和会的情况。他在法国先后会见了英、法等国的代表,请他们在会上支持中国收回德国在山东权益的主张,得到了他们的同意。但让他没有想到的是,段祺瑞政府却和日本签订了密约,承诺日本将获得德国之前在山东的特权。梁启超感到既失望又愤怒,他一面极力劝阻代表团签字,一面急电通知国内的外交委员会成员暨事务主任林长民。

林长民得知日本将继享德国霸占青岛的特权后,气得双目通红,直拍桌子。为了阻止这件事,林长民决定披露这一信息以点醒世人,他连夜撰写时评《外交警报,敬告国民》,发表在五月二日的北京

第二卷

《晨报》上。文章疾呼:"呜乎!此非我举国之人所奔走呼号求恢复国权,主张应请德国直接交还我国,日本无承继德国掠夺所得之权利者耶?我政府、我专使非代表我举国人民之意见,以定议于内、折冲于外者耶?今果至此,则胶洲亡矣!山东亡矣!国不国矣!"这篇文章虽短却极有煽动力,瞬间点燃了全国同胞的爱国烈火,两天后,三千多名学生走上北京街头,划时代的"五四"运动爆发了。

林长民的"点火"行为,让他失去了外交委员会委员一职,取而代之的是一份闲差——担任国际联盟观察员,被打发到欧洲,代表中国参与"国际联盟"外交活动。

1920年,北京,早春。暮冬的寒意渐渐消退,河畔两岸冰雪消融,虽无垂柳拂岸,但已有浅淡的绿意似薄纱般蒙上树枝。十六岁的林徽因收到了父亲的信:

我此次远游携汝同行,第一要汝多观览诸国事物增长见识;第二要汝近在我身边能领悟我的胸次怀抱……第三要汝暂时离去家庭烦琐生活,俾得扩大眼光养成将来改良社会的见解与能力。

林徽因拿着信对母亲扬了好几下,兴奋地跑到庭院里绕着树跑了好几圈,那春日暖阳洒在刚出绿芽的枝丫上,似乎预示着林徽因的人生也即将如绿芽一般崭露尖角。

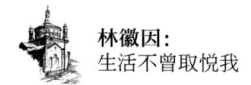

林徽因：
生活不曾取悦我

　　在当时，出国是件十分时尚的事情，对于即将跟着父亲出国的林徽因来说，她感到无比激动和向往，她满怀期待地等候着那一天的到来。林徽因喜悦万分，林长民却是愁眉不展，因为他深知这次被派至欧洲考察只是一份闲差，而自己在政坛上很难再有大的作为。此时此刻的父女二人心境完全不同，对于林长民来说，寒冬的凛冽还没过去，而对于林徽因来说，初春已经到来。

　　1920年，四月，林长民和林徽因登上了由上海去往法国的包利斯凯特（Pauliecat）邮船，十六岁的徽因兼任林长民的随行翻译和秘书。

　　从小生活在江南水乡的林徽因，早已看惯了山山水水，但她仍然被这波涛汹涌的海浪和一望无际的海面深深地震撼了，她第一次真切地感受到世界的广阔。

　　刚上船的一两天，林徽因甚至不舍得睡觉，生怕错过海上转瞬即逝的风景，天还未亮她便会醒过来，趴着窗、仰着头看一轮红日在海面上冉冉升起，伴随着还未散去的薄雾。

　　林徽因最喜欢的是午后，上下天光，一望无际，海面在阳光的照耀下波光粼粼，如同浮着一层薄薄的碎金，海鸥在波涛之上蓝天之下追逐嬉戏。

　　夜晚是最让林徽因感到内心平静的时候，她喜欢躺在船仓外面，拿小毛毯盖在身上，双手托头，静静地望着天上的月亮和星辰，耳边

第二卷

传来海浪拍击的声音。林徽因第一次感受到人生可以如此恬静,不用承受母亲的抱怨和委屈,不用在二娘面前当懂事听话的乖孩子,可以什么都不想,只是静静地听海风吹动风帆的声音。

万吨客轮在浩瀚的大海上行驶了一个多月,到了五月四日那天,船行至地中海,同船赴法的一百余名学生在船上举行"五四运动纪念会"。林长民在众人面前发表演讲,他声情并茂地说道:"吾人赴外国,复宜切实考察。若预料中国将来必害与欧洲同样之病,与其毒深然后暴发,不如种痘,促其早日发现,以便医治。鄙人亦愿前往欧洲,以从诸君之后,改造中国。"话音刚落,掌声雷动。这一刻,林徽因真正明白了父亲林长民心中关于改造中国的伟大抱负,也许是父亲的演讲太激励人心,唤醒了林徽因心中与家国忧患与共的民族情怀,林徽因真切地读懂了父亲提出携自己出国的那封信中的字字深意,每一句话都勾勒着父亲对她的期望。

五月七日,邮船抵达法国,父女二人转道去了英国伦敦,入住Rortland旅馆,不久后租了阿尔比恩门二十七号民房定居下来。林长民为了让林徽因更好地体验西方国家的生活与文化,他特意请了两名外国人教她英语和钢琴。

两个月后,林徽因开始跟随父亲漫游欧洲,从巴黎到日内瓦,从罗马到柏林,她深深地感受到了与中国迥然不同的风土人情,如蓝宝石一般清澈深邃的天幕下,有苍郁的深林、有重重叠叠的雪山、有古

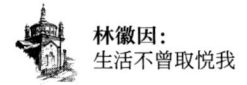
林徽因：
生活不曾取悦我

老巍峨的城堡……目之所及，无一不是风景。林长民还在日记中记录过日内瓦湖的美丽风光：

> 罗山名迹，登陆少驻，雨湖烟雾，向晚渐消；夕阳还山，岚气万变。其色青、绿、红、紫，深浅隐现，幻相无穷。积雪峰巅，于叠嶂间时露一二，晶莹如玉。赤者又类玛瑙红也。罗山茶寮，雨后来客绝少。余等憩 Hotel at chardraux 时许……七时归舟，改乘 Simplon，亦一湖畔地名。晚行较迅。云暗如山，霭绿于水，船窗玻璃染作深碧，天际尚有微明。

按照出访计划，林徽因跟随父亲游历了法国、意大利、瑞士、德国、比利时的一些城市。她喜欢在巴黎的塞纳河畔游走，和父亲挤在熙熙攘攘的人群中感受空气中文艺和自由的气息；她见证过意大利文艺复兴中心的罗马，观赏了数不清的教堂和建筑，感受到了昔日灿烂文化发源地的辉煌；她到过柏林，那里有新古典主义风格的申克尔剧院，也有蜚声世界的现代建筑流派作品，这些建筑经历了历史沧桑，各具特色，古典与现代、浪漫与严谨的气息在这里完美融合……

林徽因跟着父亲浏览一处处名胜古迹，参观一个个博物馆，还着重考察了那些工业革命后蓬勃兴起的工厂和报馆。年仅十六岁的林徽因不懂这些工厂和报馆背后的特殊意义，但是父亲却叮嘱她一定要仔细看看，因为这些地方体现了现代资本主义的生产方式和经营方式，可以给中国社会今后的改良做参考。

这次出国游历，改变了林徽因的人生轨迹，让林徽因找到了理想、信仰、人生价值的方向。

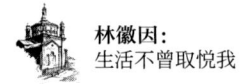

认识建筑学

林长民除带着林徽因游览欧洲各处的名胜古迹之外,他更多的时间则花在了应酬上。因为他还肩负着代表中国考察西方资本主义制度的使命,经常要出席"国际联盟协会"的会议,与各国各地的有关人士晤面。有时候他也会应邀去一些地方做演讲,还要接待许多慕名前来拜望他的当地留学生和华人社团的成员。每当林长民忙于自己的事业时,他就无暇再陪伴林徽因。

这个时候,林徽因总是独自一人待在伦敦的寓所里,孤独像藤蔓一样缠绕、包裹着林徽因的心房,寂寞也像恶魔一样啃食着她的灵魂。而这时,阅读给了林徽因极大的安慰,从维多利亚的小说,到丁尼生、霍普金斯、勃朗宁的诗,到萧伯纳的剧本……她一本又一本地阅读英文书刊,以此压制她对家乡那近乎痴魔的挂念。

虽然林徽因在北京培华女子中学也学习了英语,但她阅读原版的英文书刊还是很费力。她虽然能流畅地与人进行日常交流,却不能无

第二卷

阻碍地理解作者在书中想要传达的全部思想。多亏了父亲为她聘请了英语老师和钢琴老师,让她能够顺利地叩开英国文学的大门,也让她在读书之余能从美妙的钢琴曲中享受音乐对灵魂的抚慰。

1920年,九月,林徽因以优异的成绩进入了伦敦的圣玛丽女子学院学习。尽管上学后繁忙的课业充实了她的生活,但她的内心还是被浓郁的寂寞侵蚀着。在异国他乡,林徽因疯狂地想念着故乡的一切,她想念培华中学的老师和同学们,也深深思念一同玩耍的表姐妹们,就连之前一直在她耳边唠叨、抱怨的母亲,现在想来都觉得很温暖……

多年以后,林徽因回忆起当年的情景:

我独自坐在一间顶大的书房里看雨,那是英国的不断的雨。我爸爸到瑞士国联开会去,我能在楼上嗅到顶下层楼下厨房里炸牛腰子同洋咸肉,到晚上又是在顶大的饭厅里(点着一盏顶暗的灯)独自坐着(垂着两条不着地的腿同刚刚垂肩的发辫),一个人吃饭一面咬着手指头哭——闷到实在不能不哭!理想的我老希望着生活有点浪漫的发生,或是有个人叩下门走进来坐在我对面同我谈话,或是同我同坐在楼上炉边给我讲故事,最要紧的还是有个人要来爱我。我做着所有女孩做的梦。而实际上却只是天天落雨又落雨,我从不认识一个男朋友,从没有一个浪漫聪明的人走来同我玩——实际生活上所认识的人

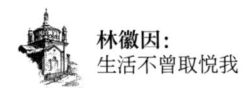

林徽因:
生活不曾取悦我

> 从没有一个像我所想象的浪漫人物,却还加上一大堆人事上的纠纷。

伦敦的天气时好时坏,虽然天气坏的时候连空气中都莫名带着压抑的情绪,让林徽因郁闷极了,但一到天气好的时候便是一派晴空如洗、长风万里的景象,蓝蓝的天空低垂着,像是与地面相接,高耸的楼顶仿佛直入云端,街上人声鼎沸,在阳光的渲染下温暖至极。当然,让林徽因最快乐的还是房东总会在天气好的时候带着她外出写生。

房东是一位女建筑师,经常带林徽因去欣赏别具特色的建筑,参观剑桥附近的浪漫景致。在女房东唯美又精致的画中,林徽因第一次感受到建筑和盖房子的区别,她明白了建筑是一种有灵魂的艺术,也就是那时林徽因对建筑科学产生了浓厚的兴趣。

后来有人问林徽因为什么献身建筑,她的回答是:"我跟随了我的父亲周游了欧洲。在我的旅行中,我第一次萌发了学习建筑学的梦想。现代西方的一流的壮观(建筑)激励了我,充满我心中的愿望是将其中的一些带回到我的祖国。我们尤其需要建造的理论,因为这能够使你的建筑物屹立许多个世纪。"林徽因一向认为,"中国的衣食住行是一种艺术,也是一种文化,处处体现出人的精神和意志,是我国光彩夺目的文化财富之一"。

当然,这段旅居英伦的生活,除了让林徽因确定了献身建筑科学的人生方向，还让她的让她的社交能力得到了充分的锻炼。这种社交并不是普通意义上关于待人接物的训练，其中的意义，从林长民的访客名单中就可见一斑：著名史学家赫伯特·乔治·威尔斯，小说家托马斯·哈代、爱德华·摩根·福斯特，女作家凯瑟琳·曼斯菲尔德，汉学家亚瑟·韦利，再加上当时旅居欧洲的张奚若、陈西滢、金岳霖、吴经熊、张君劢、聂云台……这些人物无一不是各自擅长的领域里的名流泰斗。

林徽因成了林长民在伦敦的客厅中的女主人，每天接待这些登门拜访的客人。这样高起点的社交活动，已经远远超越了同时代的名媛。林徽因也正是在跟随父亲参加社交宴会时，认识了与她纠缠半生的男人——徐志摩。

一段风花雪月的"情事"

　　1920年,十一月十六日,伦敦大学政治经济学院的留学生张奚若上门拜访林长民,和他同行的是一名刚从美国哥伦比亚大学转学到伦敦的年轻人。林长民像招待其他中国留学生一样招待了这两位前来拜访的客人,但是他没有想到,眼前这个长相斯文、戴着一副金丝眼镜名叫徐志摩的青年,脾气秉性、兴趣爱好居然会和自己如此契合。

　　徐志摩1897年出生于浙江海宁硖石镇的一个绅商家庭,父亲徐申如是清末民初的实业家。徐氏世代经商,在沪杭金融界有着相当高的实力和地位。徐志摩是徐家的长孙独子,自幼过着养尊处优的公子哥生活。1915年时,他由父母做主与上海宝山县罗店巨富张润之的女儿张幼仪结婚。

　　徐父送徐志摩去美国学习金融学,是为了方便日后徐志摩子承父业。而徐志摩在留学之前也有一番豪情壮志:"方今沧海横流之际,固非一二人之力可以排辈而砥柱,必也集同志,严誓约,明气节,革

第二卷

弊俗,积之深,而后发之大,众志成城,而后可有为于天下。"他野心勃勃,想要成为中国的汉密尔顿,一个兼通经济的政治家。

1918年,徐志摩赴美留学,在美国哥伦比亚大学攻读经济学。刚抵达美国的时候,他刻苦钻研社会思潮,留意民生疾苦。空前活跃的各种学术思想猛烈冲击着徐志摩,他渐渐发现自己对经济学、金融债券学等没有丝毫兴趣,却喜欢研读西方文学、哲学、社会学和政治学方面的著作。西方哲学大师尼采和罗素发表的著作深深打动了他。

1920年,二十四岁的徐志摩果断舍弃了即将拿到的哥伦比亚大学的博士学位,只身前往伦敦,追寻英国哲学家、剑桥大学教授罗素。可惜的是,当徐志摩到达英国时,罗素已经被学校除名启程去了中国。

徐志摩不得已,只能就读于伦敦大学政治经济学院,重新攻读经济学博士。虽然他来到伦敦后没能追寻罗素探求新知,但却在此地认识了林长民和林徽因父女。

徐志摩和林长民相识不久后,就成了相见恨晚、无话不谈的好友。他们的年纪相差颇大,但是这并没有影响他们的交流。他们在一起谈天说地,社会、政治、文艺、人生、文学,总有聊不完的话题,渐渐成为知己。两人熟络之后,甚至还玩过一场互通"情书"的游戏。

当时徐志摩在剑桥读书,林长民则经常外出,两人日常交流只能

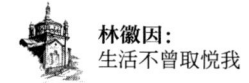

互通书信。于是他们通过书信玩了一场恋爱游戏,在游戏中,两人进行角色扮演,由林长民扮演有家室的男子苣冬,徐志摩扮演已婚少妇仲昭,双方假设在这样不自由的境况中爱恋,在书信中互诉衷肠。

后来,四十九岁的林长民在一次革命事件中身中流弹不幸牺牲,徐志摩写了一首《伤双栝老人》悼念他,并将两人之前写的一封"情书"以《一封情书》为题在《晨报副刊》上发表,让这段"恋情"得以曝光。以下摘取其中片段:

入夜抵下关,微月映雪,眼底缤纷碎玉有薄光。……

寒甚,我已破衾淋湿,遍体欲僵。只有一念语昭,心头若有炽火,我增温度。……

又曰昭何人,我闻昭名,神魂几荡。……

再三诘问,我正告之曰,昭吾女友,吾情人,吾生死交,吾来生妻。……

我困极饥极,和衣躺下,一合眼间,窗纸已白。默祝有梦,偏偏不来。……

徐志摩这样的多情贵公子有兴致玩这种浪漫游戏并不奇怪,而在人们眼中,林长民这种为国家命运四处奔走的仁人志士似乎不应该是这样的少年习性。其实,这一场浪漫至极的"恋情",这一句句饱含深情的"情话",都暴露了林长民对爱情的遗憾和其内心的寂寞。他的两位夫人都不识字,程桂林虽然温柔体贴,却不是与他灵魂契合的知音。他是一名逸士,也是一位才子,但他所有的浪漫情思,都无处安放、无人可诉。

幸好,徐志摩懂他。徐志摩还以林长民的情感经历为原型创作了一篇小说《一个不很重要的回想》(后改名为《春痕》),林长民评价这篇小说时,用"风情万种无地着"来描述小说中的少年心境。而这,又何尝不是林长民一生情感状态的写照呢。

徐志摩来林家拜访的次数越来越多,他也注意到了总是给他倒茶送点心的林徽因。一开始徐志摩并没有特别留意这个梳着两条垂肩细辫的小姑娘,只觉得她纯真可爱。后来他与林徽因交谈时,才发现这个小姑娘的表达能力很强,对文艺作品也有独特的理解和感悟,很有自己的主见和想法。

就这样,徐志摩把他想跟林长民说而林长民却没时间听的话都说给了林徽因。而林徽因在看过诸多西方文学作品后也有很多感触,早就渴望能找个人来倾诉。

于是,徐志摩仍时常来拜访林家,但他拜访的对象,却从林长民转变为林徽因。

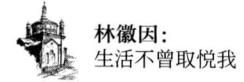
林徽因：
生活不曾取悦我

徐志摩的浪漫

伦敦的冬天阴雨连绵、潮湿多雾，徐志摩总会撑着一把湿漉漉的雨伞来拜访林长民。当然，林长民很多时候都不在家，恰好徐志摩也是醉翁之意不在酒，他拜访林家不仅仅是为了见林长民，更多的是想和林徽因聊天。

徐志摩由衷地欣赏眼前年仅十六岁的林徽因，她活跃的思维、自由的思想、对文学作品别具一格的看法都让徐志摩越发想要进一步了解她。而在阴冷潮湿的伦敦，无朋无友的林徽因本就倍感寂寞，现在有位学识渊博的前辈愿意与她一起探讨文学，令她十分欢喜。

说起来，徐志摩和林徽因还算是同乡，林徽因童年生活在杭州，祖父在距离杭州不远的海宁做过知县，母亲是毗邻海宁的嘉兴人，而徐志摩就是海宁人。两人在异国他乡相遇，聊起国内的事情来也就增添了几分亲近。

徐志摩和林徽因经常坐在壁炉前，煮着热咖啡，再添一些点心，

第二卷

这段时光被壁炉里跳动的火焰烘烤出浓浓的暖意。他们从伦敦的雨雾谈起，谈到外国原著，谈到英国文学，谈到诗歌里关于爱情、信仰甚至是关于景物的描写……在徐志摩说到他最喜欢的诗人是拜伦、雪莱、华兹华斯和济慈时，林徽因会接着他的话自然生动地吟诵出几段这些诗人的动人诗句。两人彼此欣赏、惺惺相惜。徐志摩带林徽因领略了英国浪漫主义诗歌的世界，带给她充满了新的美、新的理想、新的感受的启蒙，让诗歌与文学成为林徽因生命中不可缺少的部分。

此时的徐志摩还不是诗人，但他的浪漫细胞已经在与林徽因相处的时候展露无遗。蔡元培后来为徐志摩撰写的挽联，上联是"谈话是诗，举动是诗，毕生行径都是诗，诗的意味渗透了，随遇自有乐土"。

徐志摩骨子里总是流露出一种独属于诗人的浪漫气质，而林徽因常常被打动，不仅仅是他奔放热情、洋洋洒洒的话语，还有他流露出来的那近乎痴的执着态度，林徽因看到了一种"孩子似的天真"。

徐志摩在林家的壁炉前度过了温暖而漫长的冬日，在和林徽因的交流中，徐志摩第一次和异性产生了精神上的共鸣，这是妻子张幼仪从来都不曾带给他的，他觉得林徽因就是他梦寐以求的灵魂伴侣。

他不顾一切地对林徽因表达自己的情愫："我想，我以后要做诗人了。徽因，你知道吗？我查过我们家的家谱，从永乐以来，我们家里，没有谁写过一行可供传颂的诗句。我父亲送我出洋留学，是要我将来进入金融界的。徽因，我的最高理想，是做一个中国的汉密尔

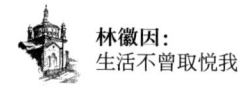

顿。可是我现在做不成了,和你在一起的时候,我总是想写诗。"

徐志摩说他的人生观是一种"单纯信仰",里面只有三个词,一个是"爱",一个是"自由",一个是"美"。徐志摩想要的爱情是同一个新派的、灵魂自由的女子恋爱,他心中似火的热情需要林徽因这样的女子承接。

在国外接受了新思潮的冲击,徐志摩认为他对林徽因的爱是性灵觉醒的结果,对林徽因的追求是对爱、美及自由追求的最高体现,认为他大胆地表达这种爱意是出于道德的勇敢,是合乎人道的、新时代的精神。以至于后来他毫无愧疚地结束了与张幼仪的婚姻,心安理得地去追求自己的真爱。

徐志摩丝毫不管自己的举动会给发妻造成多深的伤害,只管倾尽所有向林徽因缴械投诚。在追求林徽因期间,徐志摩写下了很多浪漫又动人的情诗给林徽因。

当我的心为一个人燃烧的时候,我便是这天底下最最幸运又是最最苦痛的人了,你给予了我从未经过的一切,让我知道生命真是上帝了不起的杰作。

如果有一天我获得了你的爱,那么我飘零的生命就有了归宿,只有爱才可以让我匆匆行进的脚步停下,让我在你的身边停留一小会儿吧,你知道忧伤正像锯子锯着我的灵魂……

第二卷

面对徐志摩热烈而率真的狂热追求,年仅十六岁的林徽因不知所措,她没有足够的经验来面对这种局面。林徽因只是把徐志摩当作父亲的朋友,甚至在第一次见徐志摩时,她脱口而出叫他"叔叔",后来徐志摩在林长民不在家时与她一起谈论文学作品、探讨诗歌文集,两人才有了较深的接触。对于林徽因来说,徐志摩在她的生活中一直都是亦师亦友地存在。

林徽因甚至不知道从什么时候开始,徐志摩对自己产生了爱意,她从来没有想过自己和徐志摩之间的发展会触及爱情这条红线。尽管林徽因在英国伦敦读了许多西方文学作品并接受了新思潮的洗礼,但是她出身名门,从小跟着祖父母生活,骨子里还是浸染着旧伦理教育的熏陶。她单纯的生活阅历、高傲的性情以及理性的思考方式都使她不会去做任何与传统、与家族名望相悖的事情,让她和一个有妻室的男人谈恋爱简直就是天方夜谭。更何况,对于林徽因来说,她无论是在学识、思想,还是生活体验上都和徐志摩处于完全不对等的状态,这不是她渴望的理想伴侣模式,所以她很难对徐志摩产生相应的感情。

后来,她曾冷静地说:"徐志摩当时爱的并不是真正的我,而是他用诗人的浪漫情绪想象出来的林徽因,可我其实并不是他心目中所想的那样一个人。"

但是仅仅作为朋友而言,林徽因是喜欢徐志摩这个朋友的。徐志

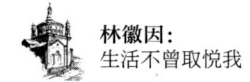
林徽因：
生活不曾取悦我

摩为人坦荡率真，性情奔放，见解独立且见识广博，和他交谈总是能获益匪浅。两人的交谈一直十分默契，徐志摩的抱负、性情和浪漫气质也让林徽因深深折服。林徽因的终生好友费慰梅曾说："在多年以后听她谈到徐志摩，我注意到她的记忆总是和文学大师们联系在一起——雪莱、济慈、拜伦、曼斯菲尔德、弗吉尼亚·沃尔夫以及其他人。在我看来，在他的挚爱中他可能承担了教师和指导者的角色，把她导入英国诗歌和戏剧的世界，以及那些把他自己也同时迷住的新的美、新的理想、新的感受。"

世人对林徽因的误读，总是会从徐志摩的这一段表白开始，认为两人之间是相互爱恋的。可事实上，没有任何一段史料可以证明林徽因对徐志摩的狂热追求有过肯定的回应。倒是陈叔通侄女、陈植之妹陈意在接受访问时提及过，她之前曾问过林徽因和徐志摩有无恋情。林徽因说没有，而且言辞十分明确。林徽因说，她绝不能做破坏别人婚姻的事，徐志摩不该抛弃张幼仪，她还曾劝过徐志摩与张幼仪和好。

在文洁若出版的《才貌是可以双全的——林徽因侧影》一书中，文洁若和萧乾同去看望冰心，问及林徽因对徐志摩有没有过恋情，冰心断然否认："林徽因认识徐志摩的时候，她才十六岁，徐比她大十来岁，而且是个有妇之夫，像林徽因这样一位大家闺秀，是绝不会让他为自己的缘故打离婚的。"

第二卷

徐志摩的狂热追求来得就像一阵猛烈的疾风，让林徽因惊慌失措，她只好求助父亲来阻挡徐志摩那狂热的爱恋浪潮。于是林长民给徐志摩写了这一封信：

徐志摩足下：

　　长函敬悉。足下用情之烈，令人感悚，徽亦惶恐不知何以为答，并无丝毫mockery（嘲笑），想足下误解耳。星期日（十二月三日）午饭，盼君来谈，并约博生夫妇。友谊长葆，此意幸亮察之。敬颂文安。

长民顿首
十二月一日
徽音附候

林长民这封信写得极具情商，既不伤徐志摩面子，又能继续保持友谊，还把婉拒之意表达得很清楚。虽然徐志摩的回信没有保存下来，但从第二天林长民再致徐志摩的信来看，两人应该相谈甚欢，而徐志摩也暂停了猛烈进攻，改为徐徐图之。

　　得昨夕手书，循诵再三，感佩无已。感公精诚，佩公莹洁也。明日午餐，所约咸好，皆是可人，咸迟嘉宾，一沾文采，务乞惠临。从

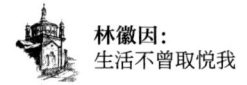

此友谊,当益加厚。虽云小聚,亦人生一大福分,尚希珍重察之。敬致徐志摩足下。

长民顿首

十二月二日

1921年秋,林长民出国考察的时间到期,林徽因随父亲归国,与徐志摩不辞而别。

海面平静得如一面玻璃,灿烂的阳光照射在水面上,仿佛是一条条游动的鱼儿,林徽因站在船头眺望着一望无际的大海,看着与来时相同的景色,却有了一番不同的心境。一年前她是个不知愁滋味、心中充满期待的小姑娘,如今也开始有了一份淡淡的哀愁,那是一份独属于少女关于爱情的思考和迷茫。

她不知道的是,这次的邮轮,正在朝着她的爱情驶去……

第二卷

划清界限

徐志摩对林徽因像是着了魔一般,吓得林徽因落荒而逃,不辞而别。然而徐志摩却天真地认为,林徽因之所以迟迟不肯接受他的求爱只是因为张幼仪的缘故。就这样,徐志摩认定张幼仪是阻碍他获得真爱的最大障碍。

当徐志摩得知林徽因父女回国后,他没有立刻追随林徽因的脚步,除需要完成学业外,更重要的事是,他要和张幼仪离婚。那时张幼仪已经怀有身孕,徐志摩却毫不留情地要求她立刻把孩子打掉。张幼仪在哥哥的劝告下,选择了离开沙士顿前往德国求学。

徐志摩最敬重的老师梁启超得知这一消息后,专门给徐志摩写信,劝他打消离婚的念头:"……其一,万不容以他人之苦痛,易自己之快乐。弟之此举,其于弟将来之快乐能得与否,殆茫如捕风,然先已予多数人以无量之苦痛。其二,恋爱神圣为今之少年所乐道,兹事亦可遇而不可求。况多情多感之人,其幻想起落鹘突,而得满足得宁

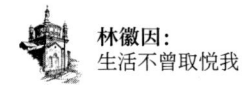

林徽因：
生活不曾取悦我

帖也极难，所梦想之神圣境界恐终不可得，徒以烦恼终其身已耳。呜呼志摩！天下岂有圆满之宇宙！……当知吾侪当以不求圆满为生活态度，斯可以领略生活之妙味矣。……若沉迷于不可必得之梦境，挫折数次，生意尽矣，忧悒侘傺以死，死为无名。死犹可也，最可畏者，不死不生而堕落至不复能自拔。呜呼志摩，无可惧耶！无可惧耶！"

执拗的徐志摩根本听不进恩师字字肺腑的劝告，在回信中坚决而又坚定地说："我之甘冒世之不韪，竭全力以斗者，非特求免凶惨之苦痛，实求良心之安顿，求人格之确立，求灵魂之救度耳。人谁不求庸德？人谁不安现成？人谁不畏艰险？然且有突围而出此，夫岂得已而然哉？……我将于茫茫人海中访我唯一灵魂之伴侣，得之，我幸；不得，我命，如此而已。"

1922年，二月，张幼仪在柏林生下了次子德生（又名彼得），徐志摩知道后赶到柏林。三月，徐志摩和张幼仪在柏林由吴经熊、金岳霖证证，正式离婚。

而林徽因跟着父亲一同回国后，则继续在培华女子学校学习，那段与徐志摩在英伦相识相交的故事，仿佛已经成为一个遥远的梦。

许多年后，徐志摩飞机遇难，林徽因给胡适写了一封信，其中谈到了自己对徐志摩的感情：

我的教育是旧的，我变不出什么新的人来，我只要"对得起"

第二卷

人——爹娘、丈夫（一个爱我的人，待我极好的人）、儿子、家族等等，后来更要对得起另一个爱我的人，我自己有时的心，我的性情便弄得十分为难……这几天思念他得很，但是他如果活着，恐怕我待他仍不能改的。事实上太不可能。也许那就是我不够爱他的缘故，也就是我爱我现在的家在一切之上的确证。志摩也承认过这话。

林徽因知道徐志摩爱慕自己，但是她明确地与徐志摩划清了彼此关系的界限，最多止步于友情之河，不能再越雷池半步。也正是林徽因这样的矜持与理性，使得徐志摩对林徽因越发敬重。

诗人在情场失意的时候，总是有大把的诗意在脑海中汹涌澎湃。徐志摩也不例外，面对林徽因的离去，噬骨焚心的思念正在给他无尽的折磨，他只能把自己的思念写在一页页稿纸上。正如他的这首《偶然》：

我是天空里的一片云，
偶尔投影在你的波心，
你不必讶异，
更无须欢喜，
在转瞬间消灭了踪影。
你我相逢在黑夜的海上，

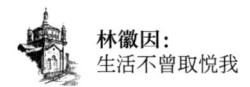
林徽因：
生活不曾取悦我

你有你的，我有我的，方向；
你记得也好，
最好是忘掉，
在这交会时互放的光亮！

在多年以后，林徽因因病在香山静养时，开始创作新诗，很大程度上是受了徐志摩的影响。林徽因在1931年写的《仍然》，便像是对《偶然》的回应。

你舒伸得像一湖水向着晴空里，
白云，又像是一流冷涧，澄清，
许我循着林岸穷究你的泉源：
我却仍然抱着百般的疑心，
对你的每一个映影！
你展开像个千瓣的花朵！
鲜妍是你的每一瓣，更有芳沁，
那温存袭人的花气，伴着晚凉：
我说花儿，这正是春的捉弄人，
来偷取人们的痴情！
你又学叶叶的书篇随风吹展，

第二卷

揭示你的每一个深思；
每一角心境，你的眼睛望着我，
不断的在说话：
我却仍然没有回答，
一片的沉静永远守住我的魂灵。

林徽因和徐志摩，就像是两艘朝着不同方向航行的船，各有人生方向和航行轨迹。曾有幸在茫茫大海中相遇，却仍要朝着各自的方向驶去，探索更美的人生风景，不为谁停留，也不为谁改变航线。

第三卷

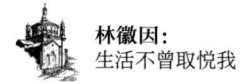
林徽因：
生活不曾取悦我

与梁思成相恋

1921年，十一月，林家父女回到北京。不久，位于雪池胡同的林家就多了一位常客——梁启超的长子梁思成。

林徽因和母亲居住在景山后街的雪池林寓，这是一座典雅的幽深院落。推开门可见闹市，进门便回归宁静与安谧，后院里还有两棵久经岁月的梧树，林长民很是喜欢在树下乘凉看书，甚至还为此写诗题字，自称"双梧老人"。

在父辈的撮合下，梁思成常常来这里看望林徽因，他总觉得这个院子里充满诗意，每当阳光倾泻下来，地上一片片稀疏的金黄，青葱碧绿的盆栽也随风而动，让梁思成的神经在恬淡的氛围中松弛下来。梁思成一开始很好奇为什么这个看起来普通的院子却能给他如此舒适惬意的感觉，后来到这里做客的次数多了他才发现，他不是为景而动心，而是为人而动心。

梁思成待人谦和、斯文有礼，又学识渊博、志向远大。他学过小

第三卷

提琴与钢琴,在学校里担任歌咏队队员、管乐队队长,也是校美术社的骨干,还担任校刊的美术编辑。他在清华大学读书时,就与同班同学吴文藻、徐宗漱一起翻译了威尔斯的《世界史大纲》,商务印书馆还出版了这部译著。

梁思成和林徽因,两人无论是家庭背景、生活环境还是文化素养、思想观念都太过相似,这让他们志趣相投,且交流过程中十分默契。梁思成懂林徽因,懂她的所思所想,懂她的欲言又止,懂她的灵魂与思想。他虽然不是很爱说话,却极具幽默感,经常会不动声色地谐谑,逗得林徽因哈哈大笑。

林徽因不凡的谈吐、优雅的举止、广阔的见识让梁思成一次次感到惊奇和欣赏,他看着林徽因时,眼中的欣赏和爱慕之情都要溢出来了。林徽因沉浸在爱情的幸福中,她在伦敦的雨季中曾不止一次地幻想过,有一个优秀、有才华,最重要的是懂她的男子出现,彼此惺惺相惜又饱含真挚热切的深情。她少女时代所有关于爱情的幻想与渴望,都在梁思成出现时得以实现。

两家人对两人的恋情都十分满意,开始为这两个相爱的年轻人规划未来,早早便做好了安排:等梁思成从清华大学毕业,就送他们去美国留学深造。

有一次,梁思成和林徽因聊天,谈到各自的理想,梁思成说他将来或许会跟他的父亲梁启超一样,从政。对此,林徽因有着不同的打

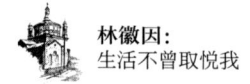

算,她说:"从政需要磨炼,也需要天赋,古往今来,把政治之路走得顺风顺水的不多,即使我的父亲,也许还有尊驾——不好意思,唐突了,不过这不是我操心的,我感兴趣的是建筑。"

建筑,对于梁思成来说,这是一个从未了解过的全新领域。他无法把高大冰冷的建筑物与眼前这个俏丽秀气的女孩联系到一起。

"你是说 house(房子),还是 building(建筑物)?"梁思成问道。

"更准确地说,应该是 architecture(建筑学)吧!那是集艺术和工程于一体的学科。"

林徽因仿佛预见了梁思成疑惑的反应,她继续将自己对建筑的理解说了下去,向梁思成介绍欧洲大陆那些"凝固的音乐""石头的史诗"……

两人的这一次谈话也称得上是改变梁思成人生抉择的契机,梁思成在这之后对建筑学产生了向往。直到多年之后,梁思成以开创性的成就被公认为中国建筑学的权威专家,还常常跟朋友说当初之所以选择建筑学作为从业方向,是因为林徽因的缘故。他说:"当我第一次去拜访林徽因时,她刚从英国回来,在交谈中,她谈到以后要学建筑。我当时连建筑是什么还不知道,徽因告诉我,那是包括艺术和工程技术为一体的一门学科。因为我喜爱绘画,所以我也选择了建筑这个专业。"而这个选择,他们从未后悔过。

第三卷

  两家人看到梁思成和林徽因的感情日渐深厚,便商量着挑个好日子为他们举办订婚仪式。但是梁启超却并不赞成在此时给梁思成和林徽因订婚,因为他顾虑着订婚之后很快就要结婚,而两人的学业还没有完成,于是主张他们先赴美留学,回国之后再订婚、结婚。梁思成和林徽因也认可这个建议,因此直到1927年毕业后才订婚、结婚。

  梁思成与林徽因在畅想美好的未来时,一场意外却突如其来。1923年,五月七日,"二十一条"国耻纪念日,梁思成、梁思永兄弟二人准备去参加由北京学生发起的游行示威活动,他们从学校回到家中,准备去往长安街与同学们会合。梁家的宅院位于南长街,梁思成骑着摩托车,梁思永坐在后座,向长安街驶去。刚骑到南长街口,一辆小汽车急驶而来,从侧面撞上了梁家兄弟的摩托。摩托车被撞翻了,梁思成被压在摩托车下面昏了过去,梁思永也被摔出去很远。

  汽车上坐着的是时任陆军部次长的金永炎,他目睹了自己司机肇事的全过程,却无动于衷,只是让司机开车离开。梁思成被撞得不省人事,幸好梁思永的伤势不重,赶紧回家求救,让门房老王急忙奔到出事地点,把梁思成背回家中。

  梁思成面色苍白,几乎没有血色,眼珠也不动,把家人都吓坏了。刚从西山赶回来的梁启超竭力让自己镇定,并派人去请医生。医生来后急忙做了初步的检查和诊断,然后告诉梁启超,梁思成腰部以上没有任何问题,可能是左腿骨折,并安排救护车将梁思成送进了北

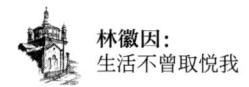

京协和医院。

　　民国初期,西医还十分落后。对于梁思成的伤势,北京协和医院做了全面检查后得出的结论是骨头未断、无须手术。这个错误的诊断耽误了治疗,梁思成后来被确诊为股骨复合性骨折,一个月内动了三次手术也未能痊愈,致使左腿比右腿略短了一些,造成终生的跛足,装设背部支架的痛苦从此伴随了他的一生。

　　梁思成与梁思永兄弟二人同住一间病房,伤势较轻的梁思永一个星期就出院了,而梁思成则要在这里住上近两个月。

　　林徽因在梁思成受伤几个小时后就得到了消息,急急忙忙地赶到了医院。之后的一个星期,林徽因向学校请了假,一直守在梁思成病床边,细心地给他喂饭、喂药。梁思成虽刚刚动完手术,身体还不能活动,但是精神却恢复得很快。

　　天气渐热,梁思成的腿上打着石膏,腰背上缠着绷带,躺在床上不能翻身,更不能下地,病房里的时间漫长而又煎熬。为了转移梁思成的注意力,林徽因一边给他擦汗、打扇,一边给他读小说、背新诗,讲同学和弟妹们有趣的事。这样,难熬的卧床的日子对于梁思成来说也不再漫长。

　　这桩车祸被北京的各家报纸报道,《晨报》直接抨击、斥责了金永炎的恶行。金永炎这才知道自己撞伤的是梁启超的儿子,连忙去医院赔礼道歉,并愿意承担医药费用。

第三卷

　　林徽因很喜欢英国作家奥斯卡·王尔德的作品，在照顾梁思成的这段时间，她打算把王尔德的《夜莺与玫瑰》译成中文。病房中，林徽因和梁思成一句句讨论着怎样才能翻译出最贴切的汉语词句，林徽因思维跳跃，每当她将讨论带到其他无关的话题时，梁思成总是安静地带着微笑看着她兴致勃勃的样子。《夜莺与玫瑰》是一个寓意着"比生命更可贵的爱情"的童话故事，林徽因译完之后发表在了《晨报》五周年纪念增刊上，这是她发表的第一部作品，也是她想传达给梁思成的真挚情意。

　　梁启超的夫人李蕙仙在一旁看着两人，却一脸不悦。她出身于官宦之家，兄长曾在光绪年间任礼部尚书，她十分看不惯林徽因"洋派"的言谈举止。每当梁思成出汗，林徽因便用浸过温水的毛巾，轻柔地在梁思成的额上擦拭。李夫人看到林徽因如此"主动"，很是不满：自家儿子因伤而卧床，衣冠不整，大家闺秀应该低眉敛目小心回避才是，还没迎娶她进门就如此不顾体统，实在有失妇德。

　　梁启超的想法则和夫人完全不同，看着这两个年轻人的举止越是亲密无间，他越是乐见其成。他总会劝夫人："这些本来就是徽因的事嘛！"还特意给女儿梁思顺写信说："……徽因我也很爱她，我常和你妈妈说，又得一个可爱的女儿……我对于你们的婚姻，得意得了不得，我觉得我的方法好极了，由我留心观察看定一个人，给你们介绍，最后的决定在你们自己，我想这真是理想的婚姻制度。好孩子，

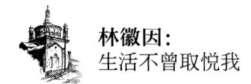

你想希哲如何，老夫眼力不错罢。徽因又是我第二回的成功。"那第一次的成功，是指大女儿梁思顺的婚事。梁启超认为，由他留心观察，看好了一个人，然后将其介绍给孩子，最后由孩子自己决定是否与之交往，"这真是理想的婚姻制度"。

梁思成住院期间，梁启超劝导他应该利用空闲时间补习国学："吾欲汝在院两月中取《论语》《孟子》温习暗诵，务能略举其辞，尤于其中有益修身之文句，细加玩味。次则将《左传》《战国策》全部浏览一遍，可益神志，且助文采也。更有余日读《荀子》则益善。《荀子》颇有训诂难通者，宜读王先谦《荀子集解》。"之后的一年里，梁思成在梁启超的指导、督促下，系统研读了国学典籍。后来梁思成回忆起这段时光时说道："我非常感谢父亲对我在国学演习方面的督促和培养，这对我后来研究建筑史打下了基础。"

这次车祸，让梁思成本来准备1923年赴美留学的时间推迟了一年，不过这一迟，也刚好等到1924年林徽因从培华中学毕业并考取了赴美半官费留学的资格。也算是因祸得福，这对恋人因此得以共同赴美。

第三卷

接待泰戈尔

1922年,九月,徐志摩踏上了回国的路程。他除了想要继续追求林徽因外,还怀着满腔抱负,准备在中国实践自己的文学理想。

当时的中国,新文化运动正在兴起,各种文学团体和刊物也蓬勃发展,曾留日的学生们组织的文学研究会和创造社正迸发出蓬勃的生机与活力,而曾留学欧美的学生们却纷纷遗憾还没有创立阵地来宣传自己的文学主张。于是,徐志摩与胡适等人相约,轮流到各家吃饭、聚会,以便同好交流。到1924年,聚会的人数越来越多,众人便在徐志摩和胡适的发起下,由徐志摩的父亲徐申如和银行家黄子美出资,在北京松树胡同七号租了一个院子,成立了同人俱乐部。徐志摩受印度诗人泰戈尔的诗集《新月集》启发,为俱乐部取名为"新月社"。他说:"'新月'虽则不是一个怎样强有力的象征,但它那纤弱的一弯分明暗示着怀抱未来的圆满。"

在新月社有定期的聚会,如年会、灯会、古琴会、书画会、读书

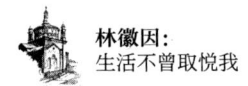

会、演话剧活动等，同好们在这里品茶、饮酒、谈政治、谈文艺，可谓尽得"曲水流觞"之乐，"一觞一咏，亦足以畅叙幽情"。

徐志摩以新文艺为己任，光大五四新文化运动的精神。在他的推动下，新月社一时间名流云集。经常到会的有梁启超、徐志摩、胡适、张君劢、丁文江、陈源、林语堂、余上沅、丁西林、凌叔华、林徽因、徐申如、王庚、陆小曼等人。这些留学欧美的自由主义知识分子，在动荡的时局下开辟出了一方文化自由的天地。

尽管林徽因并不认为自己是"新月派"的成员，但她确实以新月社的聚会为契机进入了北京文化界的社交圈，并开始从事文化活动。

新月社成立以后，最引时人关注的活动，是参与了民初文化史上的一次盛事——接待印度诗人泰戈尔访华。

1924年，四月，梁启超、蔡元培以北京讲学社的名义，邀请印度诗哲泰戈尔来华访问。梁启超把招待泰戈尔的事情都交给了徐志摩办理，林徽因和梁思成也参与了接待。

四月二十三日，泰戈尔抵达北京，林长民、林语堂、蒋百里、陈源、张逢春等在北京前门火车站的月台上站成一排，个个神情肃然，庄重地迎接即将到来的泰戈尔。还有四五百位由北京大学、北京师范大学等各校教授和学生组成的迎接队伍，梁思成和林徽因也在欢迎队伍中。林徽因身穿一袭咖啡色连衣裙搭配米黄色上装，整个人看上去素洁淡雅，手中捧着一束红色郁金香，人面与花朵相映生辉。徐志摩

第三卷

则负责泰戈尔访华期间的接待和陪同,并担任翻译。

泰戈尔于 1913 年以英译诗集《吉檀迦利》获诺贝尔文学奖,一时间成为东方圣哲的代表,受到文艺界的热切推崇。中国的新文化运动正进行得如火如荼,泰戈尔访华也成就了中国新文化史上的一段佳话。泰戈尔出席了社会各界的欢迎会和座谈会,还与北京的学生见面并做了演讲,日程被安排得满满当当。

林徽因始终伴随在泰戈尔身边,参加了所有活动,而徐志摩担任泰戈尔的翻译,自然也伴随左右。林徽因、徐志摩一左一右相伴着泰戈尔的大幅照片登在了许多家报纸上,媒体纷纷对林徽因赞不绝口:

林小姐人艳如花,和老诗人挟臂而行,加上长袍白面,郊寒岛瘦的徐志摩,有如苍松竹梅的一幅三友图。徐志摩的翻译,用了中国语汇中最美的修辞,以硖石官话出之,便是一首首的小诗,飞瀑流泉,淙淙可听。

五月八日是泰戈尔的六十四岁生日,新月社为他精心准备了一场祝寿会。祝寿会由胡适做主席,梁启超主持,四百多位名流出席,为泰戈尔送上了十几张名画和一件名瓷作寿礼。而泰戈尔最开心的事是,在这次祝寿会上得到了一个中文名字。

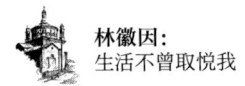

梁启超说：

我想印度人从前呼中国为震旦，原不过是支那的译音，但选用这两个字却含有很深的象征意味。从阴曀雾霾的状态中砉然一震，万象昭苏，刚在扶桑浴过的丽日从地平线上涌现出来（旦字末笔表地平），这是何等境界！泰谷尔原名正含这两种意义，把他意译成震旦两字，再好没有了。又从前自汉至晋的西来古德都有中国名，大率以所来之国为姓，如安世高从安息来便姓安，支娄迦谶从月支来便姓支，其间从天竺——即印度来的便姓竺，如竺法兰、竺佛念、竺法护，都是历史上有功于文化的人。今日我们所敬爱的天竺诗圣在他所爱的震旦地方过他六十四岁的生日，我用极诚挚极喜悦的情绪将两个国名联起来赠给他一个新名曰竺震旦。

泰戈尔的印度名字译成中文叫"震旦"，"震旦"又恰是旧时印度对中国的称呼。而中国从前称印度为"天竺"，如果让泰戈尔以国为姓，中文名字便为"竺震旦"，又象征着中印两国人民的情谊亘古不衰、源远流长之意。

祝寿会的结尾，徐志摩准备了一场压轴戏——用英文演出泰戈尔的爱情剧作《齐德拉》。

《齐德拉》取材于印度史诗《摩诃婆罗多》中的故事。剧中，林

第三卷

徽因饰公主齐德拉，张歆海饰王子阿顺那，徐志摩饰爱神玛达那，林长民饰春神伐森塔，梁思成担任舞台布景设计。发售演出说明书的则是陆小曼。

演出结束后，泰戈尔走上舞台，拥着林徽因的肩膀赞美道："马尼浦王的女儿，你的美丽和智慧不是借来的，是爱神早已给你的馈赠，不只是让你拥有一天、一年，而是伴随你终生，你因此而放射出光辉。"

还有观众啧啧称赞："里面华丽高大的神座，坐着两位庄严伟大的春爱之神，不用听戏，光这些布置，就叫人瞧着肃穆起敬，另有一种说不出的静美。林徽因一口流利的英语，清脆柔媚，真像一个外国好女儿。"

徐志摩回国后，一直锲而不舍地追求着林徽因，但是却被一次又一次地无情拒绝。他想与林徽因见面，却被梁思成挡在图书馆门外。在陪同接待泰戈尔时，徐志摩能与林徽因并肩相伴，这让他心中的爱意翻涌澎湃，可林徽因的心却只装得下梁思成。泰戈尔细细体察了眼前的一切，临别时赠诗给林徽因：

天空的蔚蓝，爱上了大地的碧绿，他们之间的微风叹了声，哎！

1924年，六月初，二十岁的林徽因和二十三岁的梁思成踏上了

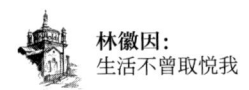
林徽因：
生活不曾取悦我

前往美国留学的旅程。两个深深相爱的年轻人，带着对未来无限美好的期待，甜蜜地依靠在一起。

在离别的火车站，徐志摩坐在车厢里，看着窗外并肩站着的梁思成和林徽因，内心感到极度悲凉。他心中的真爱此时离他那么近，却又离他那么远。"志摩，你怎么哭了？"直到胡适低声一问，他才意识到自己已是泪流满面："我真不知道我要说的是什么话。我已经几次提起笔来想写，但是每次总是写不成篇。这两日我的头脑总是昏沉沉的，开着眼闭着眼却只见大前晚模糊的凄清的月色，照着我们不愿意的车辆，迟迟地向荒野里退缩……离别！怎么能叫人相信？我想着了就要发疯。这么多的丝，谁能割得断？我的眼前又黑了！……"

徐志摩的确是个深情的男人，他曾写过一首诗《一个祈祷》，在字里行间便能看得出他在爱情中的沉沦。

这颗赤裸裸的心，请收了吧，我的爱神！
因为除了你更无人，给他温慰与生命，
否则，你就将他磨成霏粉，散入西天云，
但他精诚的颜色，却永远点染你春潮的
新思，秋夜的梦境；怜悯吧，我的爱神！

林徽因写了一首《那一晚》来回应当时的情景与心境："那一晚

你和我分定了方向,两人各认取个生活的模样。"

林徽因是理智的,面对徐志摩的苦苦追求,她拒绝得果断且干脆。她知道只有毫不犹豫地拒绝徐志摩,不给他一丝期待和希望,他才会真正死心,也唯有这样,才是最好的结局。

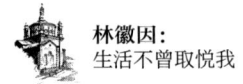

留学时光

1924年,七月六日,梁思成和林徽因抵达大洋彼岸的纽约绮色佳。此时还未开学,他们想着可以利用暑假在康奈尔大学补习几门课程。林徽因选修了"户外写生"和"高等代数",梁思成除"户外写生"外还选了"三角"与"水彩静物画"。

在出发之前,他们共同选定的专业方向是建筑学,并准备九月到宾夕法尼亚大学建筑系注册。与他们同行的还有梁思成的清华大学同窗好友陈植,他也准备学习建筑学。此时,梁思成的二弟梁思永已经进入哈佛大学研习考古学,妹妹梁思庄则在哥伦比亚大学学习图书馆学。

当时建筑教育的核心理念,是被建筑界称作"布扎艺术"的法国巴黎古典美术主义,随着一些法国建筑大师被美国的大学引入,很多中国的优秀学生纷纷来到美国学习。宾夕法尼亚大学的建筑系在美国建筑教育领域声名显赫,是学习建筑学最好的地方。

第三卷

当梁、林二人结束了在康奈尔大学的学习准备前往宾夕法尼亚大学艺术学院建筑系学习建筑学时,林徽因却在专业申请时遇到了障碍。宾夕法尼亚大学的建筑系不收女学生,理由是学建筑需要经常在夜晚画图,而一个女生深夜待在画室很不适当。

在和梁思成商量了一番后,林徽因无奈改报了美术系,因为美术系和建筑系同属艺术学院,美术系同样开设了一些建筑领域的课程。

林徽因一入学就上三年级,注册的英文名字叫菲莉斯。她身在美术心在建筑,好在有梁思成在建筑系的帮助,林徽因不太困难地旁听了建筑系的专业课。林徽因天性活泼大方,加上已有过一年多旅居英国的经历,很快便适应了异国校园的生活,进而成为中国留学生学生会里社会委员会的委员。

在宾夕法尼亚大学教建筑设计的是两位著名教授,斯敦凡尔特和保尔·克雷。他们都毕业于巴黎美术学院,是当时欧美学院派最有影响的代表人物,极受学生尊崇。巴黎古典主义教育尤其注重基本功的训练,训练要求十分严格。建筑系学生的课业压力十分沉重,日常中得反反复复地练习古典建筑绘画技巧。宾夕法尼亚大学建筑系的课程安排中,学生每周的上课时间就有将近四十个小时,除此之外,在课后还需要进行大量的绘画练习,在一般情况下,建筑系学生每周在课业上花的时间大致有六十个小时。

最初的新鲜和激动过去之后,梁思成和林徽因的学习生活就在日复一日单调的练习中度过。一开始梁思成并不能适应这种刻板的生活，他写信向父亲抱怨，这样的终日伏案绘图，怕自己以后成为一个只知绘图的匠人。

梁启超回了一封家书说：

你觉得自己天才不能副你的理想，又觉得这几年专做呆板工夫，生怕会变成画匠。你有这种感觉，便是你的学问在这时期内将发生进步的特征，我听见倒喜欢极了。

孟子说："能与人规矩，不能使人巧。"凡学校所教与所学总不外规矩方面的事，若巧则要离了学校方能发见。规矩不过求巧的一种工具，然而终不能不以此为教、以此为学者，正以能巧之人，习熟规矩后，乃愈益其巧耳（不能巧者，依着规矩可以无大过）。

梁思成听从父亲的教训，开始摆正自己的心态，认真、严肃地对待自己研究的学问，越发忘我地投入到建筑学术中，每天完成各科的学习和作业后，就一头扎进图书馆。他将图书馆中关于建筑学的所有资料都翻阅了一遍，对西方建筑史上所记载的重要建筑都进行了分析和研究，还将关于这些建筑的重要数据和评论都记录下来，根据资料上的照片在自己的笔记本上重新绘制成钢笔画。正是这种脚踏实地的练习，奠定了梁思成成为中国一代建筑大师的基础。

第三卷

有一次几个同学邀请林徽因外出野餐,林徽因一口答应,并想着要叫上梁思成。同学们都笑称说,他们请了梁思成好几次都请不动呢,就看林徽因能不能请得动了。林徽因在图书馆找到了梁思成,问他要不要一起去野餐。可是梁思成这痴迷的呆子正在绘图板上专心致志地绘制着古希腊神庙的局部,还一个劲儿地跟林徽因讲解柱子已经在多大程度上克服了希腊早期建筑那种大方块式的呆板,还解释说柱基和柱顶过梁的一点点改变就使十分稳定的建筑获得了极优美的仿生物体的动态。最后,林徽因心知是请不动这尊大神了,只能无奈地走了。

梁思成如此刻苦,林徽因亦不逊色。每当梁思成在图书馆的知识海洋中遨游的时候,林徽因不是奔走在美术教室和建筑教室之间,就是沉溺式地接受刻板又枯燥的基础学科训练。尽管如此,她还是喜欢这种充实而又充满艺术氛围的生活。

虽然林徽因当初被建筑系拒招了,名义上是从美术系毕业,但她几乎选修了建筑系的所有专业课程,并且成绩优异,不到两年就受聘担任建筑设计教师助理,不久便成为这门课程的辅导教师。

在学习的过程中,林徽因不像梁思成在清华大学美术社时就有过大量训练,她虽然早就立志要学习建筑,可是在绘画、制图上的底子并不扎实,因此她基本上是从头学起的。幸好林徽因悟性极高,而且经常有一些别人想不到的奇特构思,就连教绘画的老师都对她的想法

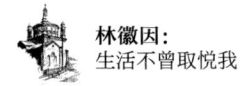

林徽因：
生活不曾取悦我

十分赞赏。林徽因的一位美国女同学在为家乡报纸撰写的文章中描绘了这个东方姑娘的学习状态：

> 她坐在靠近窗户能够俯视校园中一条小径的椅子上，俯身向一张绘图桌，她那瘦削的身影匍匐在那巨大的建筑习题上，当它同其他三十到四十张习题一起挂在巨大的判分室的墙上时，将会获得很高的奖赏。这样说并非捕风捉影，因为她的作业总是得到最高的分数或是偶尔得第二。她不苟言笑，幽默而谦逊。从不把自己的成就挂在嘴边。

林徽因的美国同学回忆，大部分中国学生都不苟言笑，只有两个人除外，那就是陈植和林徽因。林徽因尤其引人瞩目，她不仅成绩优异，穿着打扮既有中国特色又不与美国校园违和，称得上是校内一道亮丽的风景。

一位美国同学对林徽因说："当初刚和你们认识时，真有些担心，生怕一不小心触犯了你们谨严的规矩和宗教，想象着以后不知道要听多少孔夫子的道德经，想不到和你们在一起是这样轻松。"林徽因听后莞尔一笑："其实，从孔夫子庙到自由女神像之间并没有太大距离，我的房东太太就是极好的证明。她是位虔诚的教徒，我画的极寻常的

第三卷

人体素描曾经让她受了惊吓。我的男朋友来找我,从来只能在楼外站着。如果我们坐在楼梯边上说话,到了十点半,她是一定会咳嗽的。"顿时笑声四起。

林徽因在与父亲同游欧洲时便对西方的古典建筑深深着迷,同时,她认为中国也需要一种能使建筑物数百年不朽的建筑理论。1926年,《蒙大拿报》刊登了一篇对林徽因的访问,文章标题是《中国女孩致力拯救祖国艺术》。林徽因告诉记者,等我回到中国,我要带回什么是东西方碰撞的真正含义。令人沮丧的是,在所谓的"和世界接轨"的口号下,我们自己国家独创的原创艺术正在被践踏。应该有一场运动,去向中国人展示,西方人在艺术、文学、音乐、戏剧上的成就,但是绝不是要以此去取代我们自己的东西。采访的最后,林徽因说,在中国,一个女孩的价值最多体现在家庭中,我崇敬这里的民主精神。

梁思成和林徽因赴美留学期间,除了专注于钻研建筑艺术,也会抽出时间与朋友们一起游玩。梁思成每次等林徽因出来约会都十分着急,因为爱打扮的林徽因面容、发式、衣袜哪处都不肯草率,非要把全身上下都拾掇一遍才肯下来,常常叫梁思成等上个二三十分钟。梁思永还写了一副对子调侃他们:"林小姐千装万扮始出来;梁公子一等再等终成配。"横批"诚心诚意"。

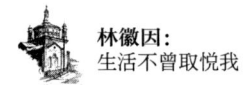

他们在公园里席地而坐,微风轻柔,阳光温暖,树叶的漏影静静地晃动,春日的气息无声地蔓延,在他们的脸庞上勾勒出明媚的光彩。就这样,梁思成和林徽因度过了一段充实又安逸的留学时光。

第三卷

磨难重重

梁思成和林徽因在美国一心钻研建筑学时,生活的磨难却在他们的背后张牙舞爪,接二连三地给他们沉重的打击,两个相爱的年轻人相互扶持,却都被冲击得伤痕累累。

梁思成和林徽因刚进入宾夕法尼亚大学不久,梁思成的母亲便被查出患有乳腺癌,并且已经到了晚期。梁思成得知消息后慌了神,立刻准备回国照顾母亲。尚未启程,父亲梁启超又发来一封急电,告诉梁思成母亲李蕙仙已经病逝,哪怕他立刻往回赶,也需要一个多月的时间才能到家。并劝他安心在美国学习不必返家,母亲的后事自有国内的亲人料理。

梁思成悲痛万分、伤心欲绝,不能见母亲最后一面令他愧疚不已。而且母亲对林徽因的不满直到生命的最后时刻也没能化解,这也成为梁思成永远的遗憾。

李蕙仙比梁启超年长四岁,是个遇事果断、意志坚决的女人,她

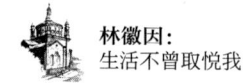
林徽因：
生活不曾取悦我

全力支持梁启超事业，是一个不可多得的贤内助。可是，李蕙仙对林徽因的看法却和丈夫完全相反。李蕙仙是保守的大家闺秀，十分看不惯林徽因这样的"新式"女子，早在林徽因照顾因车祸受伤的梁思成时，李蕙仙便对她心存不满。而林徽因和徐志摩同时接待泰戈尔的事，更是让李蕙仙对林徽因反感至极。

李蕙仙病逝前，梁思成的长姐梁思顺衣不解带地侍奉母亲，她对母亲所有的担心和痛苦都感同身受，在母亲去世后成为反对梁思成和林徽因在一起的主力。

梁思顺年长梁思成八岁，作为长女，她格外得到父母的信任，也格外受到弟妹的尊重。李蕙仙身体不好，长时间以来，家中的大小事宜，梁启超都习惯于征求梁思顺的意见。梁思成与林徽因留学美国时，梁思顺恰随驻外使节的丈夫周国贤任职驻加拿大使馆，愈加自觉地担负起就近看护弟弟的责任，也越发想要遵守母亲的遗言让弟弟和林徽因分开。

梁思顺的阻扰和不满令林徽因感到极其别扭和难堪，林徽因向来是高傲的，断不能接受自己像个货品一样被人挑三拣四地嫌弃，更不能接受自己爱人的家庭莫须有的指责。于是，林徽因只好赌气疏远梁思成，避开梁思成和同学外出听音乐看歌剧，也是在向他宣泄内心的委屈和不满。

梁思成的内心痛苦不已，他不仅要从心理上接受母亲辞世而自己

第三卷

竟连最后一面都没有见到的事实,也不得不承受长姐梁思顺用母亲最后的遗言来告诫他和林徽因断绝往来带给他的痛苦。梁思成夹在恋人与家人中间左右为难,而林徽因对他的疏远,更是让他饱受煎熬。

梁思成和林徽因的性格截然不同,他们一个热情似火,一个冷静自持,这也导致他们平时可能会因为一点点矛盾就引起一场激烈的争吵。气红的脸庞、委屈的眼泪,两人在痛苦又依恋的纠结中度过一个个辗转难眠的夜晚。饱受感情折磨的梁思成向梁思顺吐露了心声:"感觉做错多少事,便受多少惩罚,非受完了不会转过来。"

此时的梁思顺已经回到加拿大的家中,在平复了丧母之痛后,她开始以慈母之心对待弟弟,也能体谅弟弟的不容易。无论如何,她不忍心让弟弟遭受如此痛苦的内心谴责,终于还是接受了林徽因。

梁启超欣喜不已,作数千言长信给海外的子女们,大谈梁、林二人的感情问题:"思顺对于徽音感情完全恢复,我听见真高兴极了。这是思成一生幸福关键所在,我几个月很怕思成因此生出精神异动,毁掉了这孩子,现在我完全放心了。我们一生不知要经历多少天堂地狱,即如思成和徽因,便有几个月在刀山剑树上过活!这种地狱比城隍庙十王殿里画出来的还可怕。……"

一切的磨难在两个相爱的人面前都不再是问题。在遇到重大挫折时,相爱的两颗心反而会紧紧地连在一起。但是梁思成的丧母之痛还未淡去,林徽因却也失去了至亲之人——父亲林长民。

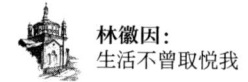

当时,林长民任东北军团副军团长郭松龄的幕僚长,为其出谋划策,想实现消除军阀混战、践行民主政治的愿望。1925年,十二月,郭松龄的队伍在巨流河一带遭遇埋伏,林长民在混战中不幸身中流弹身亡,时年五十岁。

林长民的死讯通过报纸传来时,梁启超还在期望这只是一个误传,不得不赶紧给梁思成和林徽因写信,让他们有思想准备:

我现在总还存万一的希冀,他能从乱军中逃命出来。万一这种希望得不着,我有些话切实嘱咐你。第一,你要自己十分镇静,不可因刺激太剧,致伤自己的身体。因为一年以来,我对于你的身体,始终没有放心……你不要令万里之外的老父为着你寝食不安,这是第一层。徽因遭此惨痛,唯一的伴侣,唯一的安慰,就只靠你。你要自己镇静着,才能安慰她,这是第二层。第二,这种消息,谅来瞒不过徽因。万一不幸,消息若确,我也无法用别的话劝解她,但你可以将我的话告诉她:我和林叔叔的关系,她是知道的,林叔叔的女儿,就是我的女儿,何况更加以你们两个的关系。我从今以后,把她和思庄(思庄:梁启超的二女儿,梁思成的妹妹)一样的看待她。在无可慰藉之中,我愿意她领受我这十二分的同情,度过她目前的苦境。她要鼓起勇气,发挥她的天才,完成她的学问,将来和你共同努力,替中国艺术界有点贡献,才不愧为林叔叔的孩子。这些话你要用尽你的力量来开解她。……徽因留学总要以和你同时归国为度。学费不成问题，只算我多一个女儿在外留学便了，你们更不必因此着急。

这一消息如晴空霹雳，让林徽因无法接受。她抱着侥幸的心态祈求上苍，愿意用自己的所有换父亲的平安。不过国内还是传来了确实的消息，梁启超沉重地在信中说：

初二晨，得续电又复绝望。昨晚彼中脱难之人，到京面述情形，希望全绝。遭难情形，我也不必详报，只报告两句话：（一）系中流弹而死，死时当无大痛苦。（二）遗骸已被焚烧，无从运回了。……徽因的娘，除自己悲痛外，最挂念的是徽因要急煞。……我问她有什么话要我转告徽因没有？她说："没有，只有盼望徽因安命，自己保养身体，此时不必回国。"

林徽因想起父亲不久前还在来信中说，这些年来政治风云诡谲多变，已使他彻底厌烦了从政，打算从明年起谢绝俗缘，亲自课教膝前的小儿，同时再好好打磨自己的书法艺术……可惜人生无常，来日方长已经成为一种奢望，林徽因得知父亲的死讯，恨不得立刻飞回国内，以便尽长女的职责照顾好一大家人。

梁启超早就把林徽因视为自己的儿媳，得知她的想法后竭力劝

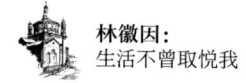

阻,并写信给梁思成,让他转告林徽因:

还有很多事情,梁启超并没有跟林徽因坦言,可能林徽因也知道家里的顶梁柱走了,那国内的一大家子没有了依靠和庇护,难以维持生计,但是她还只是个学生,无能为力。梁启超一直在北京城里为林宗孟的后事奔走,因为林家全家现下只有现金三百余元,根本难以维持林家人的开销,而且都是妇人和孩子,没有经济来源,他们的日子朝不保夕。于是梁启超上书政府有关部门,请求为林宗孟募集赈款:"非借赈金稍为接济,势且立濒冻馁……"

林徽因是高傲的,她性格独立,不愿受梁家这般不计后果的恩惠,哪怕梁家心甘情愿地为她付出,她也不愿意理所当然地伸手。于是林徽因筹划着勤工俭学,计划打工一年,自筹留学费用。但是梁启超却不愿她如此辛苦,全力承担了林家的各种支出。梁启超还嘱咐梁思成,林徽因留学费用的花费情况一定要告诉他,让他可以及时寄钱过去。其实梁家的经济也不宽裕,梁启超准备动用股票利息解难,甚至说"只好对付一天是一天,明年再说明年",可见梁启超早就把林徽因当是自家人了。

林徽因第一次意识到她再也不是林家大小姐了,也真切地感受到了要在社会中立足的压力。不幸中的万幸是,梁启超替补了父亲对她的关心和爱护,梁思成也一直守护在她的身边。尽管如此,林徽因还是变得越来越沉默,她的眼神也时常透露着忧郁和深沉,她清楚自己肩上的担子重之又重,对学习、生活、爱情都有了新的认识。

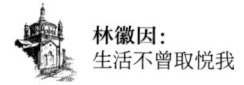
林徽因:
生活不曾取悦我

毕业在即

林徽因在重重的磨难中不得片刻喘息,但也只有学习能暂时抚平她内心的伤痛,只有学习才能让她增强力量以支撑林家,她更加能静下心来投入到建筑学术上。

宾夕法尼亚大学建筑系的老师喜欢给学生布置一些十分考验创意能力的作业,比如让学生为一件被毁坏的建筑物做修复设计,或者重新设计凯旋门却又不能偏离当时当地的环境……林徽因对这样的作业得心应手,她总是能很快就在纸上画出设计草图,但她对自己有着较高的要求,便又会在随后的工作进程中对草图进行不断的修改,推翻之前的设计,等到终于挑出自己满意的设计图纸时,桌上已经摆满了乱七八糟的草稿,而且交作业的截止期限将近,她来不及将草图整理成设计图定稿了。这时梁思成就会出手,凭借扎实的绘图功底,帮助林徽因又快又好地完成定稿。

梁思成和林徽因,一个忠于现实,一个富有创意,彼此互补,极具默契，在以后共同工作时，这样的分工一直保持了一生。

梁思庄的女儿吴荔明比较这两人的性格时说："徽因舅妈非常美丽、聪明、活泼，善于和周围人搞好关系，但又常常锋芒毕露表现为自我中心。她放得开，使许多男孩子陶醉。思成舅舅相对起来比较刻板稳重，严肃而用功，但也有幽默感。"

梁思成和林徽因的儿子梁从诫则说得比较具体："父亲喜欢动手，擅长绘画和木工，又酷爱音乐和体育，他生性幽默，做事却喜欢按部就班，有条不紊；母亲富有文学家式的热情，灵感一来，兴之所至，常常可以不顾其他，有时不免受情绪的支配。……母亲在测量、绘图和系统整理资料方面的基本功不如父亲，但在融汇材料方面却充满了灵感，常会从别人所不注意的地方独见精彩，发表极高明的议论。"

林徽因的学习能力极强，仅用两年时间就如期取得了美术学士学位。同时，她作为建筑系的旁听生，竟然不到两年就修完了主要课程。

对于建筑，林徽因有清醒的认知和坚定的态度，她在美国接受建筑专业教育，借助当地报纸采访，严厉批评了西方建造师给中国带去的中西夹杂、不伦不类的"时髦"而讨厌的建筑物。她深深感慨："我们悲伤地看到，我们土生土长的和特有的本色的艺术，正在被那种'与世界同步'的粗暴狂热所剥夺。"甚至点名，"荷兰的砖瓦匠与

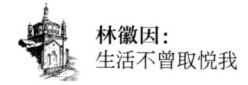

英国的管道工,正在损害着中国的城市"。

林徽因在国外两年有余,一直心心念念想要回国,但是却一直没有机会回去,她的思乡之情日益浓重,烦恼、苦闷、焦虑,此时她把自己比喻为"精神充军"。当她得知胡适来到纽约访问的时候,虽觉得自己和胡适的关系不算熟悉,但还是冒昧地邀请了他来宾夕法尼亚大学做演讲。胡适欣然赴约。

因为这次演讲,林徽因和胡适熟络起来。林徽因直言不讳地告诉胡适,她的确长大了,也改变了在北京被惯坏的毛病,从 idealist phase(理想主义阶段)走向了 realistic phase(现实主义阶段)。此次交谈,胡适还谈到林徽因的父亲。胡适这些年在研究历史的过程中,深深感到中国最缺乏纪实的、具有史料价值的文学作品,所以到处劝老辈朋友们写自传,可他们虽然答应了,却迟迟没有动笔。林宗孟先生(林长民)曾经答应过胡适要以"五十自述"做自己的五十岁生日纪念,结果到了五十岁,他却说太忙了写不成,明年再补写出来。说到此处,胡适深深地叹了一口气,这时候才注意到林徽因的眼中早有泪花。

此次交谈,胡适还为林徽因带来了国内亲友的近况,并详说了徐志摩惊世骇俗的婚恋。

徐志摩在梁、林二人赴美留学后度过了一段痛苦的时光,而后不久,徐志摩结识了有夫之妇陆小曼。陆小曼的丈夫王赓与徐志摩是好友,由于王赓工作太忙,便邀请徐志摩和太太陆小曼可以多点交谈,却没想到两人擦出了爱情的火花,坚决要在一起。为此,陆小曼不惜打掉了她和王赓的孩子,并且要求离婚,以追求和徐志摩的爱情。

徐志摩和陆小曼的恋情在国内闹得沸沸扬扬,两人背负着来自社会和家庭的巨大压力。徐志摩的父亲对徐志摩失望至极,不愿意接受陆小曼,并对徐志摩提出了两个苛刻的要求:如果要和陆小曼结婚,一是必须按老规矩办,必须请梁启超证婚、胡适做介绍人才行;二是他们结婚和婚后的一切费用自理。

早在徐志摩要和张幼仪离婚之前,梁启超就警告过徐志摩要好好对待妻儿。如今徐志摩居然要娶好友的妻子,梁启超肯定不会赞成,又怎会为他证婚呢?后来还是胡适和张彭春再三劝说,梁启超才迫不得已出席了婚礼,但是也并没有给徐志摩好脸色。婚礼当天,梁启超在大庭广众之下,直接痛斥新人:"徐志摩,你这个人性情浮躁,所以在学问方面没有成就;你这个人用情不专,以致离婚再娶。……以后务要痛改前非,重新做人!"梁启超的话让徐志摩汗颜不已,只能尴尬地点头回应。

和胡适交谈良久后,林徽因把徐志摩的所有来信重新翻阅了一遍,才真正明白了徐志摩。她请胡适转告徐志摩,希求彼此谅解,用徐志摩常说的话就是"让过去的算过去的",往事不必重提了。她如今只想好好珍惜眼前人,和梁思成相伴一生。

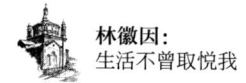

1927 年，林徽因从宾夕法尼亚大学毕业后，又进入耶鲁大学戏剧学院学习舞台设计。在宾夕法尼亚大学的三年学习，让林徽因打下了扎实的美术基本功底，得以在学习舞台设计的过程中轻松自如。林徽因也是我国第一位在国外学习舞美的学生。

梁思成在宾夕法尼亚大学获得建筑学硕士学位后，又去哈佛大学继续攻读博士学位。但是在准备完成"中国宫室史"的博士论文时，他感到研究工作不能只在书本中寻找资料，必须要到实践中去考察研究。于是梁思成决定肄业离开哈佛，从书本走进实践。同时，林徽因结束了在耶鲁的半年舞美设计研修。

他们告别了同学和老师，开始踏上回国的道路，也准备给这份相依相伴的感情正名，正式以人生伴侣的姿态站在对方身边。

第三卷

蜜月之旅

早在梁思成和林徽因留学前,梁启超和林长民便商量着等他们学业完成后就促办两人的婚事。如今林长民已逝,梁启超便一个人包揽了这项任务。梁思成和林徽因尚在忙着处理毕业的事情时,梁启超就已经在国内为操办两人的订婚仪式而奔走了。

1927年,十二月十八日,梁思成和林徽因的订婚仪式在北京按照传统礼仪举办。梁启超事必躬亲,忙碌却倍感开心。他还在信里说:

这几天为你们的聘礼,我精神上非常愉快,你想从抱在怀里"小不点点",一个孩子盼到成人,品性学问都还算有出息,眼看着就要缔结美满的婚姻,而且不久就要返国,回到怀里,如何不高兴呢?今天的北京家里典礼极庄严热闹,天津也相当的小小点缀,我和弟妹们极快乐地玩了半天。想起你妈妈不能小待数年,看见今日,不免有些伤感,但她脱离尘恼,在彼岸上一定是含笑的……婚礼只要庄严不

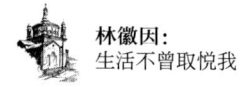

要侈靡，衣服首饰之类，只要相当过得去便够，一切都等回家再行补办，宁可节省点钱作旅行费。

梁启超的体贴入微，不仅体现在他亲力亲为筹办婚礼，还体现在他详细地为两人的蜜月旅行规划路线。梁启超有丰富的旅游经验，建议他们的蜜月旅行主要路线是游历南欧，到英国后折往瑞典、挪威，而后入德国，再回头折入瑞士，转入意大利，最后再到法国。

1928年，三月二十一日，梁思成与林徽因在加拿大渥太华的中国大使馆举行了婚礼。梁思顺此前对林徽因的认知，大多源于道听途说，经过与林徽因的实际相处后，她发现林徽因是个极具理想又有魅力的女子，遂逐渐接受并认可了林徽因。不仅如此，梁思顺还为他们筹备结婚事务，并承担了酒席宴会等费用。

1928年春，林徽因夫妇根据梁启超安排的旅游路线，开启了浪漫的欧洲蜜月之旅。当然，对于对建筑艺术怀着满腔热忱的他们来说，旅游的重心不在游山玩水，而是考察欧洲各地著名景点的古建筑。

梁思成和林徽因来到文艺复兴时期建造的圣保罗大教堂，这座教堂出自十八世纪大名鼎鼎的建筑师雷恩爵士之手，还埋葬着曾经打败拿破仑的威灵顿公爵和战功赫赫的海军大将纳尔逊的遗骨。

他们被这座古老的建筑深深地震撼着，站在山脚下，梁思成问林徽因："你从泰晤士河上看这座教堂，有什么感觉？"

林徽因回答说:"我想起了歌德的一首诗,'它像一棵崇高浓荫广覆的上帝之树,腾空而起,它有成千枝干,万百细梢,叶片像海洋中的沙,它把上帝——它的主人的光荣向周围的人们诉说。直到细枝末节,都经过剪裁,一切于整体适合。看呀,这建筑物坚实地屹立在大地上,却又遨游太空。它们雕镂得多么纤细呀,却又永固不朽'。"

梁思成也激动起来:"我一眼就看出,它并非一座人间的建筑,它是人与上帝对话的地方,它像一个传教士,也会让人联想起《圣经》里救世的方舟。"

他们一路上走走停停,考察了富有东方情调的铸铁建筑布莱顿皇家别墅,游览了别具古典特色的英国议会大厦,还参观了海德公园里精致梦幻的水晶宫。水晶宫灯火辉煌,晶莹剔透,置身其中,就像身在童话故事里那美轮美奂的宫殿之中一样。许多慕名前来的参观者都忍不住发出一阵阵惊叹。在这里,林徽因看到了这个时代存着的一种新的精神。她觉得一座新的建筑,必须有共生的美学基础,而水晶宫就是一个大变革时代的标志。

林徽因欣赏世界上一切建筑的美,她喜欢通过建筑去深入了解建筑背后代表的文化和人民生活的祈愿,建筑是一段立体的历史,她也可以通过建筑清楚地感受到前人的生活习惯和旧时的社会风俗。

梁思成和林徽因在德国的首站是波茨坦。正是春雨绵绵的天气,易北河笼罩在一片蒙蒙烟雨中,两人撑起一把油纸伞,手挽手地走在

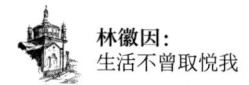

石板街上。他们没有抱怨天气阴沉或气候糟糕，反而很享受这种两人相依相偎漫步在雨中的感觉，一切都是朦朦胧胧的，甜蜜的爱意也在雨雾中氤氲得更加动人。

他们来到波茨坦，首要要去参观的便是爱因斯坦的天文台。这座天文台是为纪念爱因斯坦相对论的诞生而设计的，爱因斯坦曾称赞它是二十世纪最伟大的建筑和造型艺术上的纪念碑。

林徽因站在雨中看着爱因斯坦天文台，一直不肯离去。天文台虽然是为纪念爱因斯坦为科学进步所做的贡献，却没有在建造时采用最新的科技，塔体主要用砖垒砌，墙面与屋顶浑然一体，呈现流线型的设计特点，这也对后来的美国工业建筑产生了影响。林徽因站在雨中的塔楼下如痴如醉，梁思成见此情景，忙不迭地按动照相机快门，留住了这浪漫的画面。林徽因的眼神还是没有离开这座天文台，呢喃着赞叹道："真美啊！我觉得它好像一部复调音乐。"梁思成也附和着说："塔楼的纵向轴线和流线型的窗户，如乐曲中的两个主题，这个建筑与巴哈的赋格曲真是异曲同工。"

在德国，他们参观了以培养建筑学家著称的包豪斯学院——世界上第一所完全为发展现代设计教育而建立的学院。两人再一次被现代设计之美所震撼，林徽因当时就说："它终有一天会蜚声世界。"果不其然，它现在的确闻名世界。

此外，他们还在德国考察了巴洛克和洛可可时期的许多建筑：德

第三卷

累斯顿萃莹阁宫、柏林宫廷剧院、乌尔姆主教堂和希腊雅典风格的慕尼黑城门。这些建筑依然保存着中世纪风貌，还有着斑驳的教堂，狭窄的鹅卵石小路，小巷中依然还弥漫着浓浓的咖啡味。他们漫步在这座老城中，时光变慢了，好像真正地融入中世纪的画卷中一样。每当这里的钟声响起，整个广场都变得非常安静，旅途中的疲惫不堪在一阵阵的钟声里缓缓荡开。

在意大利古罗马大角斗场，林徽因亲身感受到了残缺的壮美和历史的沉重："罗马最伟大的纪念物是角斗场，是表现文化具体精神的东西，文艺复兴以来与以后的建筑观念中，最重要的一个部分，就是建筑的纪念性。"接着两人来到了水城威尼斯，蓝蓝的河水，尖顶的楼房，还有贡多拉小船和石狮喷泉，当夜幕降临的时候，这里显得更加梦幻，河岸上的建筑成排的亮起暖黄色的灯光，两人慢慢地走在街上，感受着红砖石桥在灯光的映射下更加美轮美奂、五彩缤纷。

之后他们从威尼斯走水路，经马赛上岸，沿罗讷河北上到达巴黎，造访了瑰丽又浪漫的凡尔赛宫和罗浮宫，沉浸在这艺术的殿堂。

返回领事馆的路上，他们还去照相馆冲洗出在路上拍摄的照片。在梁思成拍摄的所有照片中，主体几乎都是建筑物，林徽因只在小小的角落里。这让林徽因气恼不已："你这家伙，看看你的杰作，把我当成比例尺了！"一路上，两人走走停停，说说笑笑，甜蜜的时光浓稠而短暂。刚回到领事馆，他们便收到梁启超发来的电报，催促他们

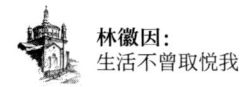

返回北京工作。

在旅行途中,梁启超曾给他们写过一封家书:

思成、徽因,我将近有两个月没有写"孩子们"的信了。今最可以告慰你们的,是我的体子静养极有进步。半月前入协和灌血并检查,灌血后红血球竟增至420万,和平常健康人一样了。你们远游中得此消息,一定高兴百倍。

而实际上,梁启超一个月前在协和医院做了一次失败的肾脏切除手术,他的生命只剩下大概不到一年的时间,但依然满心欢喜地等待着孩子们从远方归来。

早在梁、林二人即将毕业时,欣喜的梁启超便开始为他们安排回国后的工作了。当时国内混乱,梁启超在家书里说:"现在觅业之难,恐非你们意想所及料,所以我一面随时替你们打算,一面愿意你们先有这种觉悟,纵令回国一时未能得相当职业,也不必失望沮丧。失望沮丧是我们生命上最可怖之敌,我们须终身不许他入侵。"

梁思成在宾夕法尼亚大学的同学杨廷宝回国后,受邀前往东北大学创立建筑系,由于杨廷宝已经加盟天津基泰工程司,故向东北大学推荐了梁思成。此时,梁启超也向清华大学提议,让梁思成毕业后前往清华大学开设建筑图案讲座。但是梁启超经过再三考虑,认为东北大学是更好的选择。而再有一个多月东北大学就要开学了，于是梁启超不得不催促他们早点回国。

梁思成和林徽因结束了三个多月的游历，从苏联乘火车回国。火车一路东行，车窗外是西伯利亚无边无际的森林、湖泊和原野，还能看见开在草原上的各色花朵和装饰着各种鲜花的圆木小屋。贝加尔湖也在他们眼前缓缓展开，湖边高大的树木郁郁苍苍，湖面明亮如镜，列车贴着湖边疾驶，窗外的湖光水色似乎唾手可得，却又遥不可及，人们像是乘坐在一艘行驶在高山白云中的游船里。远处的景致和水波缠绕在一起，车厢里是热烈的异域歌舞……

第四卷

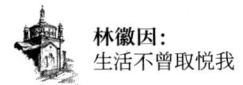

东北大学任教

1928年，八月中旬，梁思成和林徽因终于回到了北京。梁家宅院里热闹得像是过节，大人小孩忙进忙出，都兴高采烈地为迎接林徽因而做准备。宅院的房子明显都经过了精心修整，日常用具也都置办了全新的，处处洋溢着新婚的喜悦。就连病中的梁启超，心情也舒展了许多，显得格外精神，他在事后给女儿梁思顺的信中写道：

新人到家以来，全家真是喜气洋溢。初到那天看见思成那种风尘憔悴之色，面庞黑瘦，头筋涨起，我很有几分不高兴。这几天将养转来，很是雄姿英发的样子，令我越看越爱。看来他们夫妇体子都不算弱，几年来的忧虑，现在算放心了。新娘子非常大方，又非常亲热，不解作从前旧家庭虚伪的神容，又没有新时髦的讨厌习气，和我们家的孩子像同一个模型铸出来。

第四卷

梁启超对林徽因的满意与欢喜,几乎都要从这每一个字句中溢出来。他也想要多留梁思成和林徽因在家中久住一段时间,但两人的工作计划却是早已定好的。

转眼间到了八月底,梁思成和林徽因准备动身去东北大学任教。林徽因考虑到自己的母亲无人照顾,便让梁思成先赴沈阳,而自己回福州探望母亲,并准备接母亲一同北上。

这是林徽因第一次去福州林家老宅,她漫步在青石板路上,跫音响起,一抬头就可眺望闽江上的点点渔船,迎面是高高低低的白墙黛瓦,古朴雅致的林家老宅门口,还挂着写着"林"字的大红灯笼。幼时听长辈们描绘过的一切故乡风物,此刻都缓缓呈现在林徽因眼前。

林徽因在水部高桥巷见到了父亲置办的日式平房,又特意去看了父亲创办的福建法政专门学校。斯人已去,她只能寻着一处处痕迹,默默怀念父亲。她应当地两所中学相邀,为学生们做了《建筑与文学》和《园林建筑艺术》两次演讲,讲述自己的建筑学理念,希望能在故乡的孩子们心中播下建筑艺术的种子。在这期间,她还替叔叔林天民设计了东街文艺剧院,这是林徽因留在故乡的唯一遗迹,后来却不幸被拆除。

林徽因尚在福州陪伴母亲时,梁思成已经在东北大学忙得不可开交。

彼时,国内局势动荡不安。在梁思成和林徽因还在欧洲享受蜜月旅行的时候，也就是三个月前，东北军统帅张作霖在皇姑屯被炸身亡，其子张学良继任东三省保安总司令。张学良渴望引进国外先进的科学知识，以培养实用型人才，所以对东北大学十分重视，并亲自兼任东北大学校长。而东北大学新增一门建筑学，是张学良乐见其成的。因此，他对梁林夫妇也更加重视。

九月，东北大学开学，首届建筑系招收了一个班的学生，共四十余人，二十七岁的梁思成出任系主任。而建筑系仅有的两名教师，就是梁思成与林徽因。

梁思成还为新创办的建筑系写下了办学宗旨：

溯自欧化东渐，国人崇尚洋风，凡日用所需，莫不以西洋为标准。自军舰枪炮，以致衣饰食品，靡不步人后尘。而我国营造之术亦惨于此时，堕入无知识工匠手中，西式建筑因实用上之方便，极为国人所欢悦。然工匠之流，不知美丑，任意垒砌，将国人美之标准完全混乱，于是近数十年间，我国遂产生一种所谓"外国式"建筑，实则此种建筑作风。不惟在中国为外国式，恐在无论何国，亦为外国式也。本系有鉴于此，故其基本目标，在挽救此不幸现象，予求学青年以一种根本教育。

中国有着精妙绝伦的建筑技术，也有漫长的建筑历史，却唯独没有与之匹配的建筑学和建筑教育。当时,"西学东渐"的风气让很多国人都偏爱比较新奇的西式建筑。然而国内的工匠却并没有建筑审美标准,"不知美丑,任意垒砌",对建筑行业造成了不小的影响。在这样的混乱中,梁思成和林徽因的教学宗旨,就是培养具有建筑审美标准的中国建筑师。

建筑学作为一门新兴的学科,在国内几乎是一片空白,梁思成面对这样的局面焦头烂额,不得不写信催促林徽因尽快来沈阳。

东北大学建筑系的学制、教学方法和课程设置,是梁思成和林徽因仿照母校宾夕法尼亚大学建筑系创立的。中国传统建筑的风格独特,欧美教科书对中国的传统建筑教学完全不适用,于是,他们便增设了"中国宫室史""营造则例""东洋美术史"等课程。

梁思成教授建筑学概论、建筑设计原理和建筑史,而林徽因负责美术课、雕饰史和建筑设计。两人的教学任务十分繁重,最苦的是没有助教,他们不仅要担起所有的教学研究任务,还要管理烦琐的系务,还需要在课余时间给学生修改绘图作业,忙得天昏地暗。

除正常的教学外,林徽因还得担任学生们的英语老师。因为很多学生的英语基础十分薄弱,而他们使用的是英文原版的引进教材,连实习报告也全都是英文的。学生们在学习与建筑相关的英文专业术语时十分吃力,所以林徽因不得不抽出时间为学生们补习英文,几乎每天都要工作到深夜才能回去休息。

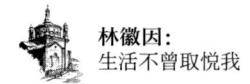
林徽因：
生活不曾取悦我

这时的东北政局不稳、治安混乱，而东北大学又正好处于郊区，人烟稀少。在晚上，经常有土匪从牧区奔来，经过郊区闯向城中。每到这时，家家户户都不敢点灯，城内城外一片漆黑。林徽因总是喜欢扒着窗户偷看，一个个草莽汉子身披大红色斗篷，骑着高头大马在月光下飞驰。在诗人眼中，她甚至还觉得这样的画面有一种别样的浪漫。

宾夕法尼亚大学的建筑系以女生在教室深夜画图很不适宜为由，将林徽因拒之门外。而林徽因在东北大学的教学工作状态，也算是给了这条规定一种无言的讽刺。

东北的十月，天寒地冻。每天早晨，窗户外都会结着一层冰，开窗变得极其困难。林徽因只能生起炉子，来保证室内暖和。林徽因从小生活在南方，完全不适应东北漫长而寒冷的冬季，她的手脚总是冰冷，甚至起冻疮，还常常感冒。即使这样，林徽因也在生病的情况下忍着不适，照常花费大量时间和精力备课、上课，从不耽误学生的课业，整个人看上去显得十分疲惫和虚弱。

沈阳保留着大量古建筑，其中还有很多清代皇陵，梁思成和林徽因难得有点空余时间，痴迷建筑的两人还要去考察当地的古建筑。第一学期的期末，此时的林徽因已经怀有身孕，但她还是带着学生爬到东北大学操场的后山考察北陵。梁思成对林徽因担心不已，但他自己也理解林徽因对建筑的热爱，只好默许她这种行为，尽量在一旁小心看护。在林徽因眼中,"建筑不仅仅是一门科学,也是一门需要感知的艺术。建筑师不能只会欣赏城市的高楼大厦,也要经得住荒郊野外的风餐露宿"。梁思成和林徽因之前对建筑学的了解主要来自课堂和书本,真正意义上对建筑的实地考察,正是从这时开始的。

第二年,梁思成和林徽因在宾夕法尼亚大学的同学陈植、童寯,以及麻省理工学院建筑系毕业的蔡方荫,在梁林夫妇的劝说下,毅然回国,加入了东北大学建筑系。这些志趣相投的年轻人,在教学的同时创办了"梁、陈、童、蔡营造事务所",既进行建筑学研究,又承揽工程。

从无到有,筚路蓝缕,梁思成和林徽因在无例可循中,给中国的建筑学建章立制,填补了国内建筑教育的空白,培养出许多优秀的建筑师。他们将所有的壮志和意气都倾注给了"凝固的艺术",是中国建筑学当之无愧的带头人和奠基者。

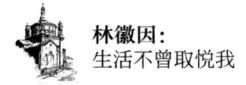
林徽因:
生活不曾取悦我

梁父仙逝

梁思成和林徽因在东北大学的建筑学教育事业逐渐步入正轨,梁启超的健康状态却在每况愈下。

其实早在1926年初,梁启超就出现了尿血的症状,他在北京德国医院请克礼大夫为其诊治,开完药后,克礼医生嘱咐他要静心休养。可梁启超还是夜以继日地埋头编纂《先秦学术年谱》,使得自己的病情愈加严重。克礼大夫强行要求梁启超住院,却因当时的医疗设备不足,无法确诊梁启超的病因。

之后,梁启超又转到北京协和医院进行检查,医院发现梁启超一侧的肾有黑点,疑似肿瘤,认为这就是梁启超尿血的原因,主张通过手术切除这一侧的肾。

北京协和医院是中国当时最好的西医医院,因为梁启超在社会上的声望,院方对他格外重视,还安排美国哈佛大学医学院的博士刘瑞恒为其主刀医生。

第四卷

梁启超在住院时十分乐观，他写信对孩子们说："我写这封信，是要你们知道我的快活顽皮样子。（昨晚院中各科专门医生分头来检查我的身体，各部分都查到了，都说：五十岁以上的人体子如此结实，在中国几乎看不见第二位哩。）"

1926年，三月十六日，手术顺利完成。但医生看到梁启超被割下来的右肾时顿感不妙，这右肾看上去与常人的无异，并没有发现肿瘤。手术过后二十天，梁启超的尿血症状并没有得到有效控制，虽然尿血量减少，但是化验结果显示病症并未消除。

这一切都指向一个事实——术前诊断有误。

直到手术半年后，梁启超才从好友伍连德医生的口中得知真相，并在之后写信给孩子解释自己的病情：

他（指伍连德医生）已证明手术是协和孟浪错误了，割掉的右肾，他已看过，并没有丝毫病态，他很责备协和粗忽，以人命为儿戏，协和已自承认了。这病根本是内科，不是外科。在手术前，克礼、力舒东、山本乃至协和都从外科方面研究，实是误入歧途。但据连德的诊断，也不是所谓"无理由出血"，乃是一种轻微肾炎。西药并不是不能医，但很难求速效。

梁启超在北京协和医院的误诊经历一经传出，立刻在社会上引起

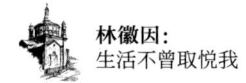

轩然大波，闹得满城风雨、沸沸扬扬。从大街小巷到深宅大院，都在讨论梁启超被医院割错腰子的传言。一时间，众人纷纷指责"西医害人"。

当时西医在中国并不普及，人们对西医的信任度不高。眼看着西医就要被打入万劫不复之境，梁启超连忙拖着病体发了一篇声明：

> 我们不能因为现代人科学智识还幼稚，便根本怀疑到科学这样东西。即如我这点小小的病，虽然诊查的结果，不如医生所预期，也许不过偶然例外。至于诊病应该用这种严密的检查，不能像中国旧医那样"阴阳五行"的瞎猜，这是毫无比较的余地的。我盼望社会上，别要借我这回病为口实，生出一种反动的怪论，为中国医学前途进步之障碍——这是我发表这篇短文章的微意。

梁启超一生都在致力于改革社会、革新思想、广开民智，他认为西医是科学的代表，如果人们因为他的事情而对西医产生了信任危机，那么这也是对科学的一种否认，同时也抹杀了他这半生对科学的追寻，于是他想要坚持着理想与责任走完生命的最后一段路程。

梁启超手术失败后，伍连德医生劝说他需要十分小心地养护身体，呵护左肾的功能慢慢强大，因此，梁启超应当避免劳累的工作。

然而梁启超并没有听从劝告，他出院后又投身于清华大学国学研究院事务。尽管家人苦苦劝说，但他还是经常熬夜写作。直到他的身体实在支撑不住，才与家人一同到天津养病。然而为时已晚，梁启超的病情终无起色。

1928年，十二月，病重的梁启超给在东北大学任教的梁思成和林徽因写了一封信。梁启超在信中说：

这回上协和医院一个大当。他只管医疗，不顾及身体的全部，每天两杯泻油，足足灌了十天，把胃口弄倒了。也是我自己不好，因胃口不开，想吃些异味炒饭、腊味饭，乱吃了几顿，弄得肠胃一塌糊涂，以致发烧连日不止。人是瘦到不像样子，精神也很委顿……

梁思成和林徽因收到信后立即交代好了手头的工作，急忙往北京的家里赶。一路上，两人沉默不语、忧心忡忡，他们都在担忧，梁启超一直是个积极向上的乐天派，若不是病情已十分危急，又怎会说出这样的丧气话呢？

梁思成和林徽因一下车，便直奔梁启超所在的北京协和医院。此时的梁启超脸色如蜡，精神憔悴，瘦得不成样子，看到他们到来，面露喜色，微微张开嘴，却不能说出话来。

梁思成和林徽因没有想到，只是短短数月不见，曾经精神矍铄的梁启超就被病痛折磨得不成人形。两人攥着梁启超的手，泣不成声。

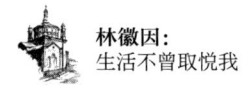
林徽因：
生活不曾取悦我

梁启超的其他几个子女，均在国外，不能及时赶回来，病榻之前只有梁思成和林徽因日夜轮换着照顾。

梁启超在住院后发烧不止，却依然强撑着在病床上赶写《辛稼轩年谱》，恰好写到朱熹去世，六十一岁的辛弃疾前去吊唁，并写文表示哀悼，梁启超录下了这篇文章中的四句："所不朽者，垂万世名，孰谓公死，凛凛犹生。"竟以此成了他的绝笔。

1929年，一月，梁启超的精神越发萎靡，于九日下午二时十五分逝世，享年五十六岁。灵帏之内，哭声一片，梁思成和林徽因及其弟妹均着麻衣草履，泣不可抑。清华大学毕业的各研究生，全体素服前来，虔诚哀悼。

中国思想文化界的一位巨星，就这样永远地陨落了，令人倍感悲痛。梁思成在追述父亲病逝的经过时说："先君子曾谓'战士死于沙场，学者死于讲座'。方在清华、燕京讲学。未尝辞劳，乃至病笃仍不忘著述，身验斯言，悲哉！"

梁思成和林徽因怎么也不会想到，从美国学成归来的第一件建筑作品竟然是给亲爱的父亲设计墓碑。墓碑用大理石制成，高二米八，宽一米七，呈中国建筑中的榫头几何形状，既显庄严大气，又显古朴稳重。梁启超被安葬在北京西山卧佛寺旁，与五年前逝世的李蕙仙合冢，墓碑的正面刻着："先考任公府君暨先妣李太夫人墓"十四个大字。除此之外，墓碑上再无其他关于墓主人生平事迹的文字。这块空白的墓碑，正印合梁启超生前所说："知我罪我，让天下后世评说，我梁启超就是这样一个人而已。"

二月十七日，各界人士在广惠寺为梁启超举行追悼会，纪念这位为民族救亡图存而奉献一生的思想者。参加公祭的有胡适、丁文江、熊希龄等生平好友，还有清华大学研究院、香山慈幼院、松坡图书馆等团体代表，共五百余人。林徽因当时怀着身孕，和梁思成一起向每一位来宾稽首叩谢，悲痛不能自抑。来人无不感叹梁启超英年早逝，实在令人惋惜。

哀恸的哭声被阴冷的冬风吹散，飘浮在佛堂上空，目之所及皆黯然失色，只有浓得化不开的哀伤。林徽因看着寺里重重叠叠的祭联与哀章在寒风中摇曳，众人都在惋惜大师的陨落，而对于她和梁家子女来说，却是失去了一位和蔼可亲的好父亲。从此以后，她再也没有可以依靠的长辈了。

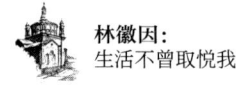
林徽因：
生活不曾取悦我

香山静养

1929年，三月，梁思成和林徽因处理好梁启超的后事后回到了东北大学。刚失去至亲不久，两人的心情十分沉重，尤其是林徽因还怀着身孕，妊娠反应让她身心疲惫，没有胃口吃任何东西，且频繁地干呕。梁思成看着妻子难受的样子无比心疼，劝说林徽因暂停讲课，好好卧床休息。可是林徽因却说，事实上只有站在讲台上授予知识给同学们的时候，她才能暂时忘记身体的不适。

同年夏天，梁思成和林徽因的第一个孩子在沈阳诞生。为了纪念半年前仙逝的梁启超，两人决定给女儿取名为"再冰"，源于梁启超的书房"饮冰室"和著作《饮冰室文集》。

新生命的到来给梁思成和林徽因带来无尽的喜悦，同时也伴随着无尽的烦恼。刚出生的孩子在夜里总是啼哭不止，两人没有育儿经验，手足无措，想尽了一切办法哄孩子睡觉，却收效甚微，林徽因被反复折腾得根本无法在夜里休息。梁思成为了让她睡得久一些，承担了夜里照顾孩子的任务，致使自己在很长一段时间里，白天工作时都睡眼惺忪。两人的生活重心，就在繁重的教学任务和照顾刚出生的孩子之间艰难地保持平衡。

这一年，东北大学校长张学良为了更好地向外界展示学校形象，设奖征集东北大学的校歌和校徽。林徽因报名参加了这次竞选，她独立设计了一枚校徽，以盾牌形状为徽体，其间巍峨耸立着白山，横流着滔滔黑水，呼应着赵元任所做的校歌"白山高高／黑水滚滚／有此山川之危利／故生民质朴而雄豪／地所产全美／所在相与劳／东邻兮日本／北果骄饶／苟捍卫之不利／宁宰割之……"最终成功入选为东北大学校徽，还获得了数百银元的奖励。后来东北大学的校徽虽然几经变化，却仍然保持着林徽因最初的设计思路。

与此同时，梁思成和林徽因的外出考察工作并没有停止，他们对沈阳郊外"北陵"的测绘工作已经完成，留下了详细的图稿记录，让中国古建筑得以在纸面上全面展现，也让当时的中国建筑领域有了第一批现代学术剖析过的初始档案。

不过两人还没来得及好好感受测绘成果带来的喜悦，沈阳的古建筑就面临着被毁坏的危机。当时的沈阳市市长认为钟鼓楼对市内交通造成了阻碍，下令予以拆除，梁思成和林徽因听闻消息后，再三建议市长收回成命，并且竭力苦劝，却仍未能改变最后的结局，只能眼睁睁地看着钟鼓楼被推倒。然而，这并不是最坏的结果，而仅仅是悲剧

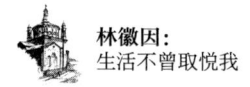

的开场,此后两人无数次为保护古建筑奔走呼吁,又无数次地见证了古建筑的轰然崩塌。

由于林徽因的工作负荷过于沉重,又不适应东北的苦寒气候,她年幼时得过的肺病复发,身体再也支撑不住,只能卧病在床。

徐志摩听说了梁思成和林徽因的近况后,特意赶到沈阳看望他们。徐志摩见林徽因身形消瘦、面容疲惫,而沈阳的医疗条件简陋,气候也不适合养病,便劝说林徽因回北京治疗。林徽因仔细考虑之后,虽然放心不下东北大学的教学任务,却又不得不承认此时她已经没有更好的办法了。

1930年的冬天,林徽因辞去东北大学的工作,带着女儿和母亲回到北京。林徽因去北京协和医院看病时,遇到了一位相识的医生,医生听说她肺病复发后建议她做个详细的检查。检查结果出来后,林徽因被确诊为肺结核,这个在当时被视为不治之症的疾病如影随形,一直纠缠着林徽因的下半生。

生命的裂痕在此刻初显端倪,病痛与苦难紧咬不放,林徽因却在这泥泞沼泽之中,寻找到了另一片璀璨的星空。

当时,徐志摩和方令孺、方玮德、陈梦家等人创办了《诗刊》,秉承着他们的办刊宗旨:"旧友和对诗有兴趣的新友再来一次集合,活跃一下诗界的气氛。"徐志摩也向林徽因发出了邀请。林徽因一口气写下三首新体诗歌,分别是《那一晚》《谁爱这不息的变幻》与

《仍然》,以尺棰的笔名发表在《诗刊》第二期上。看着自己的诗印刷到了刊物上,林徽因的心情也轻快了许多。

为了好好养病,林徽因在香山半坡的"双清别墅"住了下来,这里松竹苍翠,银杏遮天,亭映清泉,雅致幽静。金时称此泉为"梦感泉",乾隆题刻"双清",到 1917 年,又因熊希龄在此建别墅而得其名。

轻松安静的环境让林徽因疲惫的灵魂得以休憩,也开启了她尘封已久的诗情。她不顾医生的劝告,开始花费大量时间进行诗歌创作。

林徽因的诗作,文字清新曼丽。她以女性敏感细腻的柔情体察着周围一切美好的事物,以诗人浪漫纯真的情思编织一个个温柔的梦境。一如她写的《笑》:

笑的是她的眼睛,口唇,和唇边浑圆的旋涡。
艳丽如同露珠,朵朵的笑向贝齿的闪光里躲。
那是笑——神的笑,美的笑:水的映影,风的轻歌。
笑的是她惺忪的鬈发,散乱的挨着她的耳朵。
轻软如同花影,痒痒的甜蜜涌进了你的心窝。
那是笑——诗的笑,画的笑:云的留痕,浪的柔波

林徽因早期诗作的特点在这首诗中完全体现,从口唇、酒窝,到

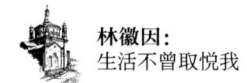
林徽因：
生活不曾取悦我

耳朵、发丝,细细描摹笑容,那么轻柔,那么纯真。在露珠与花影间,温柔的光彩闪现其中;在轻歌和柔波中,甜美的气息扑面而来。渲染着一种纯粹的美、神圣的美,荡漾出内心的一片澄澈。

五月十五日,徐志摩听说林徽因在香山静养的消息后,带着张歆海、张莫若夫妇一起看望她。林徽因在养病的这段时间里一直独自创作,苦于无人交流,现在有朋友前来探望,自是喜出望外。她兴高采烈地跑回房间拿出自己的诗稿《一首桃花》,念给大家听:

桃花,
那一树的嫣红,
像是春说的一句话;
朵朵露凝的娇艳,
是一些玲珑的字眼,
一瓣瓣的光致,
又是些
柔的匀的吐息;
含着笑,
在有意无意间,
生姿的顾盼。
看——

第四卷

那一颤动在微风里,

她又留下,淡淡的,

在三月的薄唇边,

一瞥,

一瞥多情的痕迹!

这首诗念完,好友们纷纷称赞。张歆海的夫人韩湘眉说:"真是太好了,看来我们是来晚了,没见上那一树桃花。"张奚若说:"士别三日,当刮目相看。林小姐成了大诗人啦!你在《诗刊》上那组诗我也读了,写得满有味道嘛!"徐志摩更是给出了高度评价:"徽因的诗,佳句天成,妙手得之,是自然与心灵的契合,又总能让人读出人生的况味。这《一首桃花》与前人的'记得绿罗裙,处处怜芳草'是同一种境界。"在这一番诗情画意的讨论中,众人陪林徽因聊到很晚。

这段时间,林徽因写下了许多诗作:《激昂》《莲灯》《情愿》《中夜钟声》《山中一个夏夜》《深夜里听到乐声》等。一首接着一首,诗如其人,不但拥有丰厚的内在意蕴,还拥有精致巧妙的对称结构,是内在美和外在美的统一。实而形象,虚而飘逸,她创造了一个情致曼妙的诗性世界。

六月十二日,徐志摩与罗隆基、凌叔华、沈从文一起又来看望林

林徽因：
生活不曾取悦我

徽因。徐志摩上一次来香山时，林徽因脸上还有着健康红润的光泽。而这一次，林徽因的病情加重了。她因连续十天发烧，精神疲惫，身形消瘦。众人见状都揪心不已，只好说些宽慰她的话。

徐志摩特意为林徽因带来了一些外国文学著作和新出版的第三期《诗刊》，在这本《诗刊》中，徐志摩刊登了自己的新作《你去》：

你去，我也走，我们在此分手；
你上哪一条大路，你放心走，
你看那街灯一直亮到天边，
你只消跟这光明的直线！
你先走，我站在此地望着你，
放轻些脚步，别叫灰土扬起，
我要认清你远去的身影，
直到距离使我认你不分明，
再不然我就叫响你的名字，
不断的提醒你有我在这里
为消解荒街与深晚的荒凉，
目送你归去……

不，我自有主张，

你不必为我忧虑；你走大路，
我进这条小巷，你看那棵树，
高抵着天，我走到那边转弯，
再过去是一片荒野的凌乱：
有深潭，有浅洼，半亮着止水，
在夜芒中像是纷披的眼泪；
有石块，有钩刺胫踝的蔓草，
在期待过路人疏神时绊倒！
但你不必焦心，我有的是胆，
凶险的途程不能使我心寒。
等你走远了，我就大步向前，
这荒野有的是夜露的清鲜；
也不愁愁云深裹，但须风动，
云海里便波涌星斗的流汞；
更何况永远照彻我的心底；
有那颗不夜的明珠，我爱你！

　　徐志摩曾在信中承认过，这首诗是为林徽因而写的。诗中的感情汹涌澎湃，那目送的姿态，嘴角是扬起的爱意，眼底是沉静的哀伤，如此真挚，又如此留恋，不舍地看着爱人的身影渐渐远去。

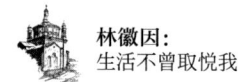

　　下山的时候,徐志摩沉默无言,轻轻地吻了吻林徽因的孩子便告别了。只是这一次,目送的人不再是他。

　　林徽因送众人行至路口,见徐志摩一步步向山下走去,留下一个伤心人的背影。

第四卷

中国营造学社

　　1930—1931年，日本在东北逐渐形成军事围城之势，东北局势日益紧张。驻扎在东北的关东军以演习的名义不断挑起矛盾，还闯入校园里横行霸道。日本人为了修建沈阳到铁岭的铁路，直接将东北大学通往沈阳城内的大路截断。东北大学的处境越发艰难，其内部却也是一片混乱，几位院长因为派系问题激烈争斗，直接影响了学校教学工作的日常运作，导致教务混乱。对此，张学良解决问题的方式仍是他惯用的简单粗暴的军阀作风，直接扬言说要枪毙内斗的教员。

　　混乱的局势让梁思成满心失望，他在东北大学再也无法拥有平静的教学环境。他将东北大学建筑系的系务转交给了童寯，举家迁回北京。

　　1931年，九月十八日，"九一八事变"爆发，日军炮轰沈阳北大营，侵占沈阳后又陆续侵占了东三省。硝烟弥漫，炮火轰鸣，东北全面沦陷，东北大学也不得不转移阵地，搬迁到了上海。童寯带着大箱

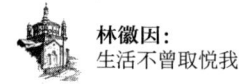

的教学幻灯片,与建筑系的学生一起南迁。而东北大学的建筑系历经艰辛,终于在1932年迎来了第一届毕业学生。

梁思成和林徽因带领着东北大学建筑系建章立制,从无到有,又看着它发展壮大,万分感慨。梁思成以他和林徽因的名义给学生们写了一篇三千字的长信,信中说:

在你们毕业的时候,我心中的感想正合俗语所谓"悲喜交集"四个字。在今日的中国,社会上一般的人,对于建筑是什么,大半没有什么了解,不是以为建筑是"砖头瓦块"(土木),就以为是"雕梁画栋"(纯美术),而不知建筑之真意义,乃在求其合用、坚固、美。非得社会对于建筑和建筑师有了认识,建筑不会得到最高的发达。所以,你们负有宣传的使命,对于社会有指导的义务。现在,你们毕业了,你们是东北大学第一班建筑学生,是"国产"建筑师的始祖,如一只新舰行下水典礼,你们的责任是何等重要,你们的前程是何等的远大。林先生与我两人,在此一同为你们道喜,遥祝你们努力,为中国建筑开一个新纪元。

从这里走出去的建筑系毕业生,成了中国第一代建筑师,也是从这些学生开始,中国建筑进入了新纪元。

虽然东北战火纷飞,但对于刚刚摆脱军阀混战的南京国民政府来

第四卷

说,却是一段难得的平静时光。中国的民族资本主义进入了快速发展的"黄金十年",建筑业也得以蓬勃发展,短短几年,建筑师就成为一个令人艳羡的职业。梁思成和林徽因的学生们进入了建筑相关的各个领域,他们两人也与陈植、童寯、赵深等人在上海合伙创办了华盖建筑事务所,杨廷宝、朱彬等人也一起创办了基泰工程司,他们的建筑作品遍布北京、上海、沈阳、南京、成都、重庆等城市,一时间声名鹊起、炙手可热。

在当时,像梁思成和林徽因这种从美国留学回来的建筑师,收入很高。两人又是中国建筑领域的带头人,各种条件优渥的邀约纷至沓来。但他们却放弃了丰厚的报酬,加入了一个并不知名的私人研究机构——中国营造学社。

中国营造学社的创立者是朱启钤,他痴迷于中国古代建筑,曾经担任过民国初年的内务部总长,还曾代理过国务总理,在任期间主持完成了多项城市工程建设。1919 年,朱启钤在南京江南图书馆发现了宋代建筑学家李诫的《营造法式》——我国古代重要的建筑规范。

在我国古代,建造房屋这类土木工程活动,被统称为"营建""营造",施工的要诀都是师徒口口相传,很少有文字记载。朱启钤为这部古代建筑典籍欣喜若狂,他以为很多祖宗们的建筑要诀都可以在这本书中找到。然而他却发现,《营造法式》宛如"天书",无法破解。这部典籍经宋、元、明、清四个朝代,历时千年,大小钞本众多,且

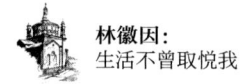
林徽因：
生活不曾取悦我

经众人传抄之后，难免会出现错漏。古代的一些术语、名词、句读，没有定义、没有解释，也令人难以读懂。朱启钤拿着书细细翻读之后，激动的心情渐渐平复，但他并不愿就此放手。

于是，朱启钤邀请版本名家搜集各家公私传本，并请知名学者们进行译注和校对，将《营造法式》重新印刷发行，在当时的学界引起热烈反响，掀起学界对这部典籍的讨论热潮。

1930年，朱启钤自筹资金，成立"中国营造学社"——以传统营造学为研究目的的学术团体，并自任社长。刚开始，学社的成员大多是一些国学家，朱启钤担心学社没有建筑学方面的专业人才，便专程到沈阳邀请梁思成和林徽因加入学社。

梁思成和林徽因也一直想要研究中国建筑史，早在1925年，两人在美国宾夕法尼亚大学求学时，梁启超就给他们寄过一本陶本《营造法式》。梁思成和林徽因当初的反应与朱启钤完全相同，一见到这本书就感到莫大的惊喜，随即发现这本书如同"天书"一般无法破解，便陷入了苦恼与失望。但是两人又想到，既然在北宋就有了这样系统完整的建筑技术方面的巨著，可见我国的建筑发展在宋朝时就已经很成熟了，因此也就更加强了他们研究中国建筑史、研究这本巨著的决心。

除梁思成之外，朱启钤还请来了当时被称为"建筑领域四杰"中的另外两位：中央大学建筑系教授刘敦桢和建筑师杨廷宝。但这对于当时刚刚起步的私人研究机构来说，还是远远不够。朱启钤几乎请遍了当时他能接触到的所有学术精英，又以从政多年的人脉和声望动员了大批商界和政界知名人士加入学社，这些人为学社的资金提供了充足的保障。朱启钤以一己之力做到了整个研究所行政部门要做的事，并为中国营造学社的创立提出了宗旨：

> 中国之营造学，在历史上，在美术上，皆有历劫不磨的价值，方今世界大同，物质演进，兹事体大，非依科学之眼光，做有系统之研究，不能与世界学术名家公开讨论，亟欲唤起并世贤哲共同研究。

林徽因被学社的宗旨深深打动，宗旨的内容一直是她在建筑路上的追求。对于梁思成加入中国营造学社，林徽因表示强烈支持。

1931年，梁思成回到北京不久，就应聘到朱启钤先生任社长的"中国营造学社"任职，担任法式部主任，林徽因被聘为学社的校理。

在中国营造学社的开幕式上，邀请到了年过六旬的日本著名建筑史学家伊东忠太。伊东忠太早在1901年就带着一批日本学者来到中国进行建筑考察，在伊东忠太看来，日本建筑的文化来源于中国，尤其是中国唐代的建筑对日本的影响尤其深远，但是中国并没有人意识到这些历史建筑遗物的宝贵价值，更加不懂得保护这些无价之宝，所

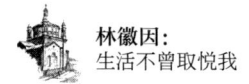

以他们的当务之急便是收集中国各时代的遗物,尤其是唐代的建筑,最为重要。1925年,伊东忠太完成了他的中国建筑史写作,全书撰写到对日本影响最大,也是他心目中最美的唐代建筑就结束了,这就是伊东忠太心中的中国建筑史版本。

伊东忠太精神抖擞地走上台,在场的各个学者无不对其尊敬有加。但是伊东忠太接下来的演讲,却让在场所有的中国学者大感不快。在演讲中,伊东忠太谈了自己对中国营造学社研究中国传统建筑的想法,他认为日本人也有参加研究中国传统建筑的义务,因为中国人研究建筑主要是以调查文献为主,而日本学者则通过考古学、田野调查、专业摄影、测绘技术等进行全面研究,所以他建议考察古建筑等实地工作可以由日本学者负责,中国学者负责文献梳理工作即可。

伊东忠太的这番话,表面上是乐意为中国营造学社提供帮助,实则是对中国建筑学者赤裸裸的侮辱,暗示中国没有专业的学者研究建筑。林徽因听到他的讲话后很不服气:"凭什么我们中国的建筑要与日本人共同研究,凭什么认为我们中国就不能做到专业性研究?"

中国营造学社的学者们都开始意识到了一件很严重的事情:如果伊东忠太等日本学者参与研究中国建筑史,很有可能让属于我们中国自己的学问完全被别人拿走。因此,着手完成《中国建筑史》刻不容缓。

天方刚露肚白,北京城的工匠们为避开午后猛烈的太阳,早早便开工了。梁思成和林徽因抓住工匠们忙碌工作中歇息的空隙，拿着《营造法式》请教老工匠，书里面的某个形状代表着什么？这个东西有何作用？这个结构可适用于哪些地方？就这样，梁思成和林徽因一点一点地请教工匠，了解老祖宗留下来的"专业术语"所代表的意思。如果遇到一些连老工匠都不懂的形状，梁思成和林徽因便会着重画下来，想着以后去考察的时候能根据这些形状找到古代营造精髓的蛛丝马迹，后来果然在考察更古老的建筑时发现了早已失传的营造手艺。

当时日本学者总是会骄傲地宣称日本保存着中国唐代的木建筑，而中国却因为不懂得古建筑的价值摧毁了很多珍奇瑰宝，保存最古老的木建筑只有辽代的华严寺。但是林徽因心中总是会响起一个浪漫而坚定的声音，在中国幅员辽阔的土地上，一定还有更古老的建筑没有被摧毁，正在完整无暇地等待着他们去发掘。

第五卷

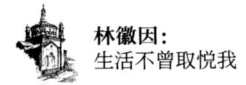

太太的客厅

1935年,梁思成和林徽因在中国营造学社定下自己的学术方向,开始了潜心耕耘学术的生活。他们在北京靠近东城墙的北总布胡同租了一个四合院,一家三代都搬了进去。这是个两进的小四合院,坐北朝南,阳光充足,环境安谧。两个院子之间有一条长廊,正中是垂花门,院内还种着高大的海棠和马樱花树,一家人算是在北京暂时安定了下来。

林徽因跟着林长民到欧洲游历时,见过欧洲的许多贵族和知识分子把自己家里的客厅开辟成社交公共空间,举办文化沙龙,邀约一些名流政客、文人雅士在家中聚会,从文学到政治,从艺术到宗教,无所不包,言论自由,不受限制。沙龙作为一种社交方式,不仅风靡整个欧洲,也被旅欧归来的中国文人带到了国内,首先就在北京生根发芽。

二十世纪三十年代,北京最知名的文化沙龙有两个,一个是朱光潜家中的读诗会，另一个便是林徽因家中的"太太的客厅"。

1933年，朱光潜结束了海外留学八年的生活回到北京，搬进了慈慧殿三号。慈慧殿并不是殿，只是一个小胡同，因西口有一座小庙而得名。而且因为久无人住，院落荒芜，杂草丛生，气氛清冷。朱光潜当时刚搬进这样的院子，盼望着能与好友无拘无束地谈天说地，又因为在英国留学时见大英博物馆附近的一家专卖诗歌书籍的书店定期举办朗诵会，受到启发。因此，朱光潜也在自己家中举办读诗会，邀约同好们一起朗诵诗歌、散文，探讨文学艺术。渐渐地，读诗会成为北京文化界中的一个大型文化沙龙，会聚了梁宗岱、冯至、孙大雨、罗念生、周作人等一大批京派文人，再加上性情洒脱、落落大方的才女林徽因，每当大家齐聚一堂进行文化交流时，气氛都十分热切。

当然，分歧和争论也是无法避免的。梁宗岱在聚会的时候喜欢发表一些奇谈怪论，林徽因经常反驳他的言论，双方常常争论得面红耳赤。林徽因的性子热情活泼，却又争强好胜，两人吵到最后往往是梁宗岱败下阵来。有一次聚餐，平时能言善辩的叶公超、梁宗岱都缄口不言，杨振声笑着问叶公超："你怎么只顾着吃菜？"，叶公超指了指正慷慨陈词的林徽因，彼此会心一笑。

与朱光潜的有主题的读诗会相比，林徽因举办的文化沙龙"太太的客厅"没有主题和形式的限制，参与的成员也不局限于文化界，相比之下就更加自由和随意。

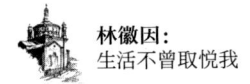
林徽因：
生活不曾取悦我

  各个领域的知识分子们，每到周六下午就在"太太的客厅"里相聚一堂，谈古论今，畅聊人生。不同的专业，不同的学科，不同的思想在这里碰撞，如同一场精神盛宴。在文化沙龙中，林徽因是当仁不让的主角，她的个性和才华在这里得到了完美的绽放。她言辞犀利，坦诚率直，总是以酣畅雄辩的谈吐尽情地表达自己对艺术的领悟和见解，浑身上下充满了令人无法抗拒的吸引力，尽显女主人的风采。正如当时住在西总布胡同二十一号的美国学者费正清所言："她是具有创造才华的作家、诗人，是一个具有丰富的审美能力和广博的智力活动兴趣的妇女，而且她交际起来又洋溢着迷人的魅力。在这个家，或者在她所在的任何场合，所有在场的人总是全部围着她转。她穿一身合体的旗袍，既朴素又高雅，自从结婚以后，她就这样打扮。质量上好、做工精细的旗袍穿在她均匀高挑的身上，别有一番韵味，东方美的娴雅、端庄、轻巧、魔力全在里头了。"

  看着这众星捧月般的情景，费慰梅这样记述沙龙女主人的风采：

  其他老朋友会记得她是怎样滔滔不绝地垄断了整个谈话。她的健谈是人所共知的，然而使人叹服的是她也同样擅长写作。她的谈话和她的著作一样充满了创造性。话题从诙谐的轶事到敏锐的分析，从明智的忠告到突发的愤怒，从发狂的热情到深刻的蔑视，几乎无所不包。她总是聚会的中心和领袖人物，当她侃侃而谈的时候，爱慕者总是为她那天马行空般的灵感中所迸发出来的精辟警语而倾倒。

见林徽因在众人面前滔滔不绝、神采飞扬地表达自己的看法,金岳霖调侃道:"终于明白大家为什么都喜欢来参加太太的客厅了,有徽因在,那当真是趣味无穷呢。"林徽因带着笑意说道:"胡说,大家明明是为了吃上一桌湖南菜呢。"林徽因家客厅后面,便是金岳霖的寓所。每到周六下午,金岳霖便会邀请众人到他家喝下午茶,品尝点心,试试湖南厨师的手艺,有时候聊到暮色西沉,金岳霖索性就把大家留下来用晚膳。一来二去,周六就慢慢演变成了在金岳霖的"湖南饭馆"聚餐的日子。

不仅是学者鸿儒在"太太的客厅"频繁出入,许多初出茅庐的文学青年也对这里十分向往。萧乾便是其中一员,那时他还在读书,一直听闻北京文学沙龙的盛况,也对林徽因主持的"太太的客厅"很是神往,奈何一直没有机会接触。直到林徽因在《大公报·文艺副刊》上看到萧乾的处女作《蚕》,大为惊艳,对其十分欣赏,特意写信给沈从文,让一定要带萧乾来这里喝下午茶。

在出发去"太太的客厅"那天,晴空万里,萧乾踏着碎步走进铺满青砖的院子里,仿佛走进了心中的殿堂,感觉妙不可言。萧乾回忆第一次见林徽因的情景时说:

林徽因：
生活不曾取悦我

听说徽因得了很严重的肺病，还经常卧床休息。可她哪像个病人，穿了一身骑马装（她常和费正清与夫人威尔玛去外国人俱乐部骑马）。她对我说的第一句话是："你是用感情写作的，这就很难得。"这给了我很大的鼓舞。她说起话来，别人几乎插不上嘴。别说沈先生和我，就连梁思成和金岳霖也只是坐在沙发上吧嗒着烟斗，连连点头称赞。徽因的健谈绝不是结了婚的妇人那种闲言碎语，而常是有学识，有见地，犀利敏捷的批评。我后来心里常想：倘若这位述而不作的小姐能像十八世纪英国的约翰逊博士那样，身边也有一位博斯韦尔，把她那些充满机智，饶有风趣的话一一记载下来，那该是多么精彩的一部书啊！她从不拐弯抹角，模棱两可。这种纯学术的批评，也从来没有人记仇。我常常折服于徽因过人的艺术悟性。

林徽因在病中依然光彩夺目，不时发表的有学识有见地的评论，闪烁着她灵魂的艺术光芒。她给予萧乾的评价"你是用感情写作的，这就很难得"。让萧乾深受鼓舞，林徽因去世多年后，双鬓染霜的萧乾已是成就卓著，他回顾自己的文学道路，虔诚地感念林徽因的知遇之恩："在我心坎上，总有一座龛位，里面供着林徽因。"萧乾还给了林徽因一个至高无上的评价——京派的灵魂。京派是二十世纪三十年代中期活跃于北京的一个文学流派，在中国现代文学史上占有重要一席，可见林徽因在萧乾心中地位之崇高。

林徽因是个学识渊博、思维敏捷并且语言锋利的评论家,她对文章常常有犀利和独到的见解。从林徽因在《大公报·文艺副刊》首期发表的初次撰写的文艺评论《惟其是脆嫩》便可见一斑。文章写道:

我们问:能鼓励创作界的活跃性的是些什么?刊物是否可以救济这消沉的?努力过刊物的诞生的人们,一定知道刊物又时常会因为别的复杂原因而夭折的。它是极脆嫩的孩儿。那么有创作冲动的笔锋,努力于刊物的手臂,此刻何不联在一起,再来一次合作,逼着创作界又挺出一个新鲜的萌芽!管它将来能不能成田壤,成森林,成江山,一个萌芽是一个萌芽。脆嫩?惟其是脆嫩,我们大家才更要来爱护它。

林徽因认为,作品最重要的是诚实。即作者既要忠实于自己的生活,又必须忠实于体验生活所得来的情感。在养病期间,林徽因并没有让自己的生活闲暇下来,她在《大公报》副刊接连不断地发表自己的作品,《微光》《秋天,这秋天》《年关》《城楼上》《深笑》《别丢掉》《雨后天》《八月的忧愁》等,在诗歌、小说、散文、剧本、各类体裁的创作上都有精品。

沙龙的魅力,是学术的魅力、思想的魅力。回顾林徽因的一生,在北总布胡同生活的这段时间,是她人生中一段难得的阳光灿烂的日

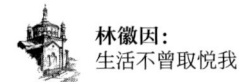

子、名流、精英欢聚一堂，众星捧月，言笑晏晏，真是鲜花着锦、烈火烹油的美好年华。然而，由于出身名门、自负美貌的林徽因咄咄逼人、锋芒毕露的性格，盛名之下，也滋生了旁观者对其的无端猜测和诟病。林徽因正是在这样的冰火两重天之间行走，从未因旁人的争议改变自己的脚步。或许从另一个角度来说，诋毁，本身就是一种仰望。

第五卷

深情的邻居

梁思成和林徽因搬到北总布胡同居住,和清华大学哲学系系主任金岳霖为邻居,并在往后二十余年颠沛流离的岁月里与之联系密切。而金岳霖一生未娶,更被人称为"逐林而居"。

关于林徽因和金岳霖的情感纠葛,旁人有许多猜测和臆想。其中,流传的最广的是这样的一则故事:

在北总布胡同时,一日,梁思成从宝坻调查回来,林徽因十分苦恼地对梁思成说:"我似乎同时爱上了两个人。"梁思成内心痛苦,一夜未眠。第二天,梁思成对林徽因说:"你是个自由的人,我把选择权交给你。"金岳霖听林徽因说了梁思成的话后,说:"看来思成是真正爱你的,我不能伤害一个真正爱你的人,我应该退出。"

这则故事的出处是梁思成的续弦夫人(林洙)于1990年在《人

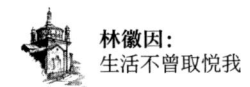

林徽因：
生活不曾取悦我

物》杂志发表的文章《碑树国土上，美留人心中——我所认识的林徽因》，后来她又在 2004 年的新书《梁思成、林徽因和我》中，再次将这段私密对话呈现在读者眼前。从这以后，所有好奇林徽因和林徽因"恋情"关系的人们，似乎都把这则故事当了真。更有好事者添油加醋、妄加揣测，将三人之间的故事演绎成一出缠绵悱恻、藕断丝连的肥皂剧。

事实上，除了林洙的这些文字，在梁思成、林徽因和金岳霖生前，从来没有任何关于林徽因和金岳霖"恋情"的记录和书面记载。徐志摩苦追林徽因引发了时人的热烈讨论，而林徽因和金岳霖之间的关系却并没有在当时引起任何风言风语。这些谣言，是在所有当事人均去世后才有的。

况且，林洙讲述的这则故事最大的矛盾，是在时间上，她在文章和书中分别描述这件事情时的时间有出入。《碑树国土上，美人留心中——我所认识的林徽因》这篇文章提到事情发生的时间是 1931 年，而《梁思成、林徽因和我》这本书中提到的时间是 1932 年。姑且认为林洙在这件事的时间上出现了记忆的偏差，那么接下来，我们再看看 1931—1932 年，梁思成、林徽因和金岳霖的生活轨迹。

在 1931 年，金岳霖曾带着美国女友赴美留学，为期一年，且一直与女友同居。而梁思成到宝坻考察的时间是 1932 年，根据他的调查笔记《宝坻县广济寺三大士殿》中的记录，他于六月十七日回到北京家中。在梁思成赴宝坻的这几天中，林徽因一直在香山养病，且怀有身孕，两个月后即将生产。在这样的情形下，怎会有梁思成和林徽因丝毫不顾快要出生的孩子，与金岳霖演绎一段成全与放手的爱情纠葛呢？

由此可见，林洙讲述的这一段私密对话，真实性有待商榷。

上述事件虽然于情于理都说不通，但金岳霖对林徽因的深情却不是假的。

金岳霖，字龙荪，生于湖南，1914年在清华大学毕业后，游学欧洲诸国近十年，获得了哥伦比亚大学的政治学博士学位。留学期间，本来是学经济政治的他，因在街头听到一群法国人的激烈辩论，听得十分过瘾，还参与了进去，就对逻辑产生了浓厚的兴趣。从欧洲归国后，他对国内黑暗的政治环境失望至极，于是放弃政治，转而在清华大学哲学系执教。尽管当时的清华大学哲学系只有他一位老师，但他竟以现代的逻辑方法将西方哲学和东方哲学相结合，创造出一套独特的知识论哲学体系，得到海内外学界的一致推崇。他还著有《论道》《逻辑》和《知识论》，是现代中国哲学和逻辑学的开创者和传播者。

金岳霖崇尚自由主义，个性纯真又特立独行。逻辑学是一门艰涩冷门的学科，要求思想周密、理论深邃、文字严谨，可金岳霖却对其情有独钟，有学生曾问他："您为什么要搞逻辑？"金岳霖回答说："我觉得它很好玩。"

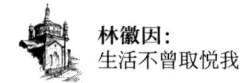
林徽因：
生活不曾取悦我

金岳霖并不是以"好玩"两个字来显示自己的学问高深，而是把哲学当作自己的兴趣爱好，在治学中自得其乐。他还曾在自己的书里阐释了自己的治学态度：

坦白地讲，哲学对我们来说是一种游戏。……我们不考虑成功或失败，因为我们并不把结果看成是成功的一半。正是在这里，游戏是生活中最严肃的活动之一。其他活动常常有其他打算。政治是人们追求权力的领域，财政和工业是人们追求财富的领域。爱国主义有时是经济的问题，慈善事业是某些人成名的唯一途径。科学和艺术、文学和哲学可能有混杂的背后的动机。但是一个人在肮脏的小阁楼上做游戏。这十足地表达了一颗被抛入生活之流的心灵。

徐志摩这样描述过金岳霖研究逻辑学的状态："金先生的嗜好是捡起一根名词的头发，耐心地拿在手里给分。他可以暂时不吃饭，但这头发丝粗得怪讨厌的，非给它劈开了不得舒服……"金岳霖对逻辑学的痴迷可见一斑。

有一次，沈从文请金岳霖给学生开讲座，讲述《小说和哲学》。金岳霖在讲台上细细地讲了半天，最后得出了结论：小说和哲学没有关系。在众多学生面前这样自我否定，令人啼笑皆非。但是金岳霖在治学上一向"求真"，与哲学没有关系的事情就是没有关系，不会为了答应熟人的嘱托就勉强扯上关系。

金岳霖的"真",在他对感情的处理方式上更是展现得淋漓尽致。

在徐志摩的介绍下,回国后的金岳霖认识了梁思成和林徽因。在年龄上,金岳霖比梁思成大六岁,比林徽因大九岁,在人生阅历和学术造诣上,也有不小的差异。但是由于共同拥有自由主义的思想和对学术狂热的喜好,三人一见如故,交谈甚欢,不久便结为知己。

在金岳霖的交际圈中,美貌绝伦、才华横溢的名媛,远不止林徽因一个。而林徽因最吸引金岳霖的地方却不是这些。

金岳霖和梁家住在同一个院子里,梁家住在前面的大院,金岳霖住在后面的小院。一天清晨,金岳霖正在书房中闷头工作,远处突然传来一声呼唤:"老金。"金岳霖连忙跑出院子,四处张望,却根本没有看到人影。他正想走回去,却听见屋顶上传来梁思成和林徽因的笑声。被戏弄的金岳霖想着梁思成和林徽因总是在房顶上测量建筑数据,便说他们是"梁上君子,林下美人"。梁思成听完十分高兴:"我就是要做'梁上君子',不然我怎么能打开一条新的研究道路,岂不还是纸上谈兵吗?"林徽因却不乐意了,嗔怪道:"真讨厌,什么美人美人,好像女人没有什么事可做似的,我还有好些事要做呢!"金岳霖对林徽因的人生态度大为赞赏,他由衷地欣赏这个自由独立、真诚直言、不逢迎、不世故的女子。

直到几十年后,金岳霖已垂垂老矣,他回忆起这段故事,依然感

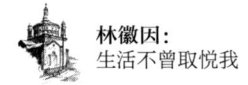

林徽因：
生活不曾取悦我

慨万分："林徽因太了不起了。她说过，女人不能只讲美，应当有自己的事业。她还要研究历史，她特别推崇汉武帝。"又说："梁思成、林徽因的生活从来不是'打发日子'的生活，对于他们，日子总是不够用的。"

金岳霖欣赏林徽因众所周知的美，更爱林徽因身上那些旁人未必能发现、欣赏的好。在给费慰梅的信中，他曾这样谈论林徽因：

人所共知她的率直、前卫，拥有天赋天分和聪明（哦！她讨厌做聪明人）。她激情无限，创造力无限，她的诗意（不仅仅是她能写诗歌），她敏锐的感受力和鉴赏力，总之，人所渴求的地位她应有尽有，除却学究气。学究气的反面是丰富多彩，一个人学究气越重也就越丧失色彩。我宁愿自己更富于色彩，看看徽因多么丰富多彩，而可怜的我！如此苍白，彻头彻尾的苍白！

金岳霖爱的从来不是完美的林徽因，他爱林徽因的丰富多彩，爱她的自由、坚韧，爱她的爽朗、率直，也爱她的急躁、敏感……林徽因被人称赞之处他喜欢，林徽因不被人认可之处他也喜欢。如果说，徐志摩爱的是想象中的那个诗意浪漫的林徽因，那么金岳霖爱的便是这个现实中生动活泼的林徽因。

金岳霖是活在传统里却真正意义上有着西方精神的人，在遇见林徽因之前，金岳霖曾有过一段恋情。他在美国求学期间，与一位名叫 Lilian Taylor（中文名叫秦丽琳）的美国女士交往，两人出双入对，人情世故全不放在眼中，只漫步在两人的理想世界中。据著名语言学家赵元任的夫人杨步伟回忆，金岳霖在美国的时候曾经问她借钱，杨步伟以为金岳霖生活拮据，需要钱救急，第二天就把钱准备好送过去了。没想到金岳霖拿到钱后，立刻带着女友去了意大利旅游。

尽管金岳霖与秦丽琳十分相爱，但秦丽琳却提倡不结婚，她只是对中国的家庭生活很感兴趣，愿意从家庭内部体验生活。金岳霖又深受罗素试婚经历的影响，对秦丽琳的想法也表示赞同。两人一拍即合，金岳霖将秦丽琳带回了中国，以同居形式生活在了一起。

在当时看来，这种行为过于超前，令周围的人瞠目结舌。在这样的形势下，金岳霖也没有对朋友过多谈及这段感情，甚至在刚回国的时期，金岳霖连住址都不愿透露。尽管后来两人已经分开，秦丽琳也回了美国，金岳霖的生活还是少不了旁人的指指点点。梁思成的姐姐梁思顺就十分看不惯金岳霖的行为，因为金岳霖在她眼中是个连婚姻都不愿相信的人。梁思顺的女儿周念慈若是待在梁思成家里，梁思顺便焦虑不安，立刻要把女儿接回来，不愿女儿与金岳霖有接触。

为此，林徽因还曾写信给费慰梅，抱怨梁思顺的大惊小怪。林徽因尊重每一位朋友的生活方式，从不干涉旁人的私生活，也不会站在道德的制高点对他人妄加评价。无论外界如何讨论，也从未影响林徽

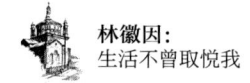

林徽因：
生活不曾取悦我

因对金岳霖的看法，她从不觉得这种特别的生活方式和爱情观念有什么不妥。这样的两个人相遇，高山流水，彼此包容，彼此赏惜，坦荡又真诚。

金岳霖由此把自己视为梁家生活的一分子，除了早饭，他的午饭和晚饭都在前院和梁家一起吃。无论是人来人往的"太太的客厅"，还是山河破碎中的四处漂泊，金岳霖都一直在林徽因的身边默默陪伴、静静倾听。一墙之隔，金岳霖却在心中退了千万丈。从始至终，他都没有想过要破坏性地侵入梁思成和林徽因的婚姻，他由衷地欣赏这段美好的姻缘，至于自己，只是一旁的守护者和鼓舞者。后来金岳霖谈论起徐志摩，曾说："林徽因被她父亲带回国后，徐志摩又追到北京。临离伦敦时他说了两句话，前面那句忘了，后面是'销魂今日进燕京'。看，他满脑子林徽因，我觉得他不自量啊。林徽因梁思成早就认识，他们是两小无猜，两小无猜啊。两家又是世交，……徐志摩总是跟着要钻进去，钻也没用！徐志摩不知趣，我很可惜徐志摩这个朋友。比较起来，林徽因思想活跃，注意多，但构思画图，梁思成是高手，他画线，不看尺度，一分一毫不差，林徽因没那本事。他们俩的结合，结合得好，这也是不容易的啊！"从这里，也可看出金岳霖在爱情中的豁达与克制。

正是这份内心的坦荡，金岳霖此后终生与梁家比邻而居，并肩走过颠沛流离的岁月，走过艰辛困苦的生活。金岳霖看着梁思成和林徽因的两个孩子长大，并把他们当成自己的孩子来对待。在金岳霖晚年的时候，梁从诫夫妇为了方便照顾金岳霖的生活起居，特地搬过去和金岳霖同住。梁从诫唤金岳霖为"金爸"，梁从诫的女儿梁帆唤金岳霖"金爷爷"，他们虽然没有任何血缘关系，却已经亲如一家。

在林徽因逝世多年后，一天，金岳霖在北京饭店宴请旧友。好友们收到邀请都不知他为何突然请吃饭，等到人都到齐，金岳霖才告诉大家："今天是徽因的生日。"令人不禁感慨万分。

又是许多年过去，林徽因老家的一家出版社想要集结林徽因的文字，派了一位编辑前来拜访金岳霖。此时的金岳霖已垂垂老矣，白发苍苍，眼神浑浊，听力也衰退得厉害。并且精神萎靡，跟人说几分钟的话就会不知不觉进入睡眠状态，甚至连记忆都会逐渐模糊，有时连自己的名字都记不起来。可是当听到编辑的福建口音，金岳霖就觉得十分亲切，兴致勃勃地回忆起林徽因作诗时的神态，说着说着还背出了林徽因写的诗句。看编辑拿出了一张林徽因的照片，金岳霖竟然抓住舍不得放手，编辑答应送他一张复刻版的，他的眼神顿时就充满了喜悦。

拜访快结束时，编辑问金岳霖："有什么话要对林徽因说吗？"金岳霖迟迟不语，像是陷入了漫长的回忆。终于，他清楚地说道："我所有的话，都应该同她自己说，我不能说。"顿了一下，他又一字一顿地补充："我没机会同她说的话，我不愿意说，也不愿意有这样

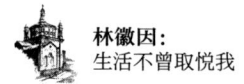

的话。"

对林徽因的感情,到最后,金岳霖也没有感到委屈和不甘,该说的、该做的,都已经说了、做了。就是这样一个人,痴迷又清醒、理智又浪漫,真正以自己的方式走过了这一生。

徐志摩之死

在一次寻常的聚会中，不知道谁提起了一个话题，从王国维先生投水自杀一事，谈到了十几年前梁巨川先生的自杀。在场的各位文人由此展开了激烈的争论，尤其是徐志摩和陶孟和，两人站在对立的立场上展开了激烈交锋。徐志摩高度肯定他们以身殉道的精神，而一向谦和的陶孟和却对他们的自杀行为持强烈反对的态度。

在座的其他朋友要么站徐志摩一边，要么站陶孟和一边，争得面红耳赤。陶孟和批驳徐志摩道："志摩，不管你对于自杀有什么深奥的见解，我还是认为自杀并不是挽救世道人心的手段。我申明，我所不赞成的是消极的自杀，而不是一个奋斗的殉道者的光荣的死。假使一个人为了信仰被世人杀死，那是我所钦佩的。假使一个人因为自己的信仰不为世人所信从，竟自己将自己的生命断送，这是一种消极的行为。所谓'杀身成仁'，绝不是凡杀身皆能成仁，更不是要成仁必须杀身。"

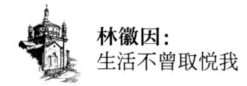

林徽因：
生活不曾取悦我

徐志摩的态度也很鲜明，反驳道："我们讨论一个问题，首先要弄清楚前提。这里的前提是：我们尊重的不是巨川先生和观堂先生自杀行为的本身，而是他们通过自杀所表现的那种精神。一个国家，一个民族，往往在最无耻的时代里诞生出一两个最知耻的个人。例如宋末有文天祥，明末有黄梨洲，他们的名字就有永久的象征的意义。他们的死为民族争得了人之所以为人的精神。我想，巨川和观堂先生是实在看不过现今流行的不要脸主义，他们活着不能改变什么，决意牺牲自己的生命，给这时代一个警告，一个抗议。……归根结底一句话，人的行为是不能一概而论的。梁巨川、王观堂先生的自杀，蔡孑民先生的不合作，这些事件产生的影响绝不是我们的常识所能测量，更不能用社会学的或者科学的标准所能评价的。在信仰精神生命的痴人看来，只要还有寸土可守，就决不能让实利主义压倒人的性灵的表现，更不能容忍时代的迷信——在中世纪是宗教，在现代是科学——淹没了宇宙间永恒的价值。"

徐志摩的言辞慷慨激昂，引得众人纷纷点头附和。可谁也没有料到，没过多久，徐志摩就不幸辞世，这番言论似乎冥冥之中和他人生最后的归途重合。

诗人生命的最后十几日，总是被朋友们千遍万遍细细追忆，而悲剧早在发生之前，其实就出现了端倪。

徐志摩与陆小曼结婚之后，一直在为生计奔波。陆小曼在生活中铺张奢靡，开销庞大。她在上海住着小洋楼，一个人需要雇用十几个用人，后来因身体不好，为了缓解疼痛而吸食鸦片。徐志摩同时在光华大学、东吴大学、大夏大学三所学校任教，课余时间还赶着写诗文赚取稿费，却还是填不满家中的无底洞，只好又应胡适相邀到北京大学、北京女子师范大学两所学校任教，每月共收入五百八十块大洋。当时一般家庭月收入二十块大洋就足以养家糊口，徐志摩每月留下三十块大洋供自己零用，其余都寄回了上海，却仍然不够陆小曼的开销。最后他不得不到处借钱或者预支薪水，每天被债务折磨得焦头烂额。

陆小曼不喜欢北京的气候，不愿跟随徐志摩赴京。徐志摩曾苦劝她："再说到你学画，你实在应得到北京来才是正理。一个故宫就够你长年揣摩。……人家都是团圆了。叔华已得到了通伯（陈西滢），徽因亦有了思成……就是你我，一南一北。你说是我甘愿离南，我只说是你不肯随我北来。结果大家都不得痛快。但要彼此迁就的话，我已在上海迁就了这多年，再下去实在太危险，所以不得不猛省。我是无法勉强你的；我要你来，你不肯来，我有什么法想？"无奈陆小曼并不同意，徐志摩只好在北京、上海两地奔波，仅1931年上半年，徐志摩就在两地来回了八次。

1931年，十一月上旬，陆小曼连发十几次电报催促徐志摩回上海，徐志摩只好答应尽快赶回去。十一月十日，英国女诗人曼殊斐儿

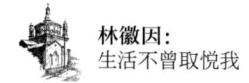

的姐夫柏雷博士来华,在清华大学举行茶会。徐志摩早在英国留学期间便很喜欢曼殊斐儿德的作品,甚至还专门去拜访过她,一度在精神上爱慕着曼殊斐儿德,听说她的姐夫要来北京,他便非要跟着梁思成和林徽因一同参加这个茶会。徐志摩跟梁思成和林徽因说,这几天要回上海一趟。梁思成和林徽因当时正有要务在身,没来得及细细追问详情,便匆匆与徐志摩道别了。

这天晚上,徐志摩在茶会结束后又来到梁思成和林徽因家中,在客厅自己等了一会,留下一张字条:"定明早六时飞行,此去存亡不卜……"就默默离去。林徽因到家后看到这张字条,心中不安,立刻给徐志摩打了个电话询问情况。

徐志摩一副云淡风轻的语气说:"你们放心,飞机是很稳当的,我还要留着生命看更伟大的事迹呢,哪能便死!"

林徽因暂时定下心来,当时的她没有想到,这是徐志摩留给她最后的声音了。

十一月十二日,徐志摩回到上海,一进家门就见陆小曼吞云吐雾地吸食鸦片,便忍不住劝道:"眉,我爱你,深深地爱着你,所以劝你把鸦片戒掉,这对你身体有害。现在,你瘦得成什么样子,我看了,真伤心得很,我的眉啊!"陆小曼不为所动,因为都无法说服对方,两人的情绪越发激动,陆小曼在愤怒中随手将烟枪往徐志摩的脸上掷去。徐志摩闪身躲过,虽没有受伤,但是金丝眼镜却被打落,跌碎了镜片。他一气之下,甩门离开。

按照徐志摩的计划,他打算在十一月十九日前去北京,为了参加那天晚上林徽因在北京协和小礼堂为外国使节所做的演讲《中国建筑艺术》,同时又为了节省旅费,徐志摩决定在十一月十九日早上免费搭乘中国航空公司的邮政班机"济南号"。

十一月十八日晚,徐志摩来到张歆海家,与主人交谈甚欢。恰巧杨杏佛也到了,见徐志摩穿着一条破了一个窟窿的西装裤子,不禁哈哈大笑起来,引得众人一起打趣徐志摩。

笑也笑过了,闹也闹过了,张歆海的夫人韩湘眉神色正经了起来,对徐志摩说:"Suppose something happens tomorrow(明天可能要出事),徐志摩!"

徐志摩对她开玩笑:"你怕我死吗?"

"徐志摩,正经话,总是当心点的好。司机是中国人,还是外国人?"

"不知道!没有关系,I always want to fly(我总是要飞的),我以为天气晴朗,宜于飞行。"

韩湘眉还是不放心:"你这次乘飞机,小曼说什么没有?"

徐志摩莞尔:"小曼说,我若坐飞机死了,她做 merry widow(风流寡妇)。"

杨杏佛在这时顺嘴接了一句:"All widows are merry!"(凡是寡妇

皆风流）

此话一出，又引来满屋大笑。就这样说着笑着，徐志摩和杨杏佛留到深夜才与张歆海夫妇告别。韩湘眉将两人送至门口，内心不安，本想说"徐志摩今后不会常来"，话到嘴边，却不知怎么变成了："杏佛还来，徐志摩是不来的了！"

不料竟一语成谶。

十一月十九日中午，梁思成和林徽因接到了徐志摩在南京登机前发出的电报："下午三点抵南苑机场，请派车接。"

当天下午，天色昏暗，梁思成开车去了机场，从下午等到傍晚，却没有等到徐志摩。林徽因料想事情有些不妙，心神不宁地为各国使节做完演讲后，顾不上大家对她的祝贺，连忙赶回家问梁思成："到现在都没有徐志摩的消息吗？"梁思成皱着眉点了点头，两人的心里几乎同时浮现出前几天徐志摩留的纸条的最后四个字——存亡未卜。

梁思成和林徽因忧心忡忡地与友人商量对策，却在十一月二十日的早晨看见北京《晨报》在十分醒目的位置刊发了空难消息："京平北上机肇祸，昨在济南坠落！机上全毁，乘客司机均烧死，天雨雾大误撞开山……"又由胡适探得消息，南京方面证实，出事的正是徐志摩所搭乘的"济南号"。

徐志摩于十九日上午八点之前，乘坐由南京飞往北京的"济南号"飞机。十点十分，飞机降落在徐州机场。十点二十分，飞机再次起飞。不料在飞至济南城南州里党家庄时,因下雨雾大,飞机误撞山顶,当即坠落山下。机身焚毁,仅余空架,机上唯一的乘客徐志摩和两名飞行员皆不幸罹难。

十一月二十一日,梁思成、金岳霖等人前往济南齐鲁大学,会同沈从文、闻一多、梁实秋等人商议办理徐志摩的后事。林徽因怀有身孕,被众人竭力劝阻,没有跟随前往。

二十二日上午九时多,梁思成一行人赶到济南。天正落着小雨,地面满是泥泞,徐志摩的灵柩停放在寿佛寺内。沈从文后来在一篇文章中记述了当时的情形:

志摩先生已换上济南市面所能得到的一套上等寿衣:戴了顶瓜皮小帽,穿了件浅蓝色绸袍,外加个黑纱马褂,脚下是一双粉底黑色云头如意寿字鞋。遗容见不出痛苦痕迹,如平常熟睡时情形,十分安详。致命伤显然是飞机触山那一刹那间促成的。从北京来的朋友,带来个用铁树叶编成径尺大小花圈,如古希腊雕刻中常见的式样,一望而知必出于志摩先生生前好友思成夫妇之手。把花圈安置在棺盖上,朋友们不禁想到,平时生龙活虎般、天真纯厚、才华惊世的一代诗人,竟真如"为天所忌",和拜伦、雪莱命运相似,仅只在人世间活了三十多个年头,就突然在一次偶然事故中与世长辞!

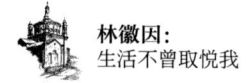

林徽因：
生活不曾取悦我

这就是他？他是那么爱热闹的人，如今却一个人悄悄地躺在这小庙里。

平日里生龙活虎的徐志摩如今身体残缺，穿着一身与他性情完全不合的衣服躺在棺木中。众人面对着这孤寂落寞的一幕，拭泪以对，默然静立。梁思成不禁想到，幸好林徽因没有跟来，没有见此场景，也能少些悲痛。

返回北京时，梁思成带了一块"济南号"的残骸给林徽因，作为朋友之间最后的念想。林徽因把这块残片挂在卧室中，终身相伴。

徐志摩死后，陆小曼悲痛欲绝，日日悔恨："他若不是为了要瞒住我去私会林徽音，就不至于搭乘这趟飞机而送命了。我不怪林徽音魅力之大，也不怪徐志摩对她倾倒之痴。徐志摩死后，我早已失去了醋意，只是怀着深深的忏悔，永恒不断。"此后，陆小曼终于不再流连游宴场所，只是素衣青灯，潜心整理徐志摩的遗稿。

关于徐志摩与陆小曼、林徽因的情感纠葛，一向是旁人热论的话题，这次徐志摩又是为了赶着去听林徽因的演讲而在飞机上罹难，流言蜚语更是喧嚣尘上。不过胡适却站了出来，说了一段公允的话："谁都能明白，至少在志摩的方面，这两件事最可以代表志摩的单纯的理想的追求，他万分诚恳地相信那两件事都是他实现他那'美与爱与自由'的人生的正当步骤，这两件事的结果，在别人看来，似乎都不曾能够实现志摩的理想生活。但到了今日，我们还忍用成败来议论他吗？"

  诗人的心里不论成败，不管值不值得，只有自己愿不愿意。徐志摩正是因了这样随心而动的张扬个性，招致了累累骂名。可偏偏是这个被指责薄情寡义的人，却甘愿为了心中所爱而飞蛾扑火。薄情还是深情，"如人饮水，冷暖自知"，罢了吧。

林徽因：
生活不曾取悦我

"八宝箱"谜案

徐志摩逝世不久，新月社同人组成了编辑委员会，由胡适带头，整理和收集徐志摩已发布的作品、未公布的手稿、日记、书信等，以《徐志摩全集》表达对诗人的悼念。在收集这些资料的过程中，林徽因与凌叔华之间发生了一场关于"康桥日记"的纠纷，也被人称为"八宝箱"谜案。

凌叔华出身京城豪门，幼时与康有为学习写字，跟辜鸿铭学习英文和诗词，还与慈禧的宫廷女画师缪素筠学习绘画。后来，凌叔华正式拜丹青名家王竹林、郝漱玉为师，又获得齐白石、陈半丁的时时指点。其画艺已经达到了精妙秀逸的境界，文学创作欲望也熊熊燃烧，写作成为她的追求目标。由于凌叔华在绘画和写作上取得的卓越成绩，在当时与林徽因、冰心并称为"文坛三大才女"。

凌叔华在泰戈尔访华期间结识了徐志摩，之后在徐志摩主编的文学刊物上发表了许多作品，并成为新月社的主要成员。当时的徐志摩苦追林徽因而不得，心中苦闷，无法排解，便开始与凌叔华通信，倾诉心中的不快。长达数月的频繁通信让两人的感情迅速升温，达到了"友人以上，恋人未满"的暧昧关系，连徐志摩的父亲都以为凌叔华会成为徐志摩的第二任夫人，然而这一切都在徐志摩遇到陆小曼之后迅速冷却。不久，徐志摩与陆小曼结为眷侣，凌叔华也很快嫁给了徐志摩的好友陈西滢。外界对徐志摩与凌叔华的暧昧关系有着诸多猜测，凌叔华将这一切归为手足之情："至于徐志摩同我的感情，真是如同手足之亲。而我对文艺的心得，大半都是由他的培植。"徐志摩也曾对陆小曼直言："女友里叔华是我一个同志。"

"八宝箱"谜案的起因要追溯到1923年，彼时徐志摩与陆小曼的绯闻闹得沸沸扬扬，满城风雨。于是徐志摩决定先出国避避风头，又正好可以去欧洲与泰戈尔会面。他在临行前把自己的书信、文稿和两册英文日记放在一个箱子中，自称这个箱子为"文字因缘箱"，被人称作"八宝箱"。徐志摩十分重视"八宝箱"里的文字材料，临行前把箱子交给凌叔华代为保管，并交代凌叔华，若是自己死了，便请凌叔华用这些材料给自己写传记。

徐志摩回国后虽然与陆小曼终成眷属，但顾虑着"八宝箱"中有记录着他在英国伦敦时与林徽因相知相识历程的"康桥日记"，还有记录他从英国回国后继续苦追林徽因而不得的"失恋日记"，不便给陆小曼看，便还是选择把"八宝箱"继续放在凌叔华处。

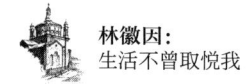
林徽因：
生活不曾取悦我

1928年，"八宝箱"回到徐志摩的手中。陆小曼见到了徐志摩写的"失恋日记"后，亲手将其焚毁，然后放入了两册自己的初恋日记。但是陆小曼的初恋日记中有许多中伤林徽因的言语，徐志摩觉得不适合给人看到，最后还是将"八宝箱"重新交到了凌叔华手中。

谁也没想到，徐志摩竟如此意外地离开了人世，而这时再让凌叔华将"八宝箱"交出来，却是风波重重。

徐志摩曾跟林徽因提起过"八宝箱"里的"康桥日记"，并表示如果林徽因想读，可以随时送给她读，甚至可以让林徽因留作纪念。但是林徽因在徐志摩生前并没有想读这本日记，直到徐志摩突然逝世，林徽因陷入无限追忆时，才迫切地想要翻看徐志摩记叙的那一段旧历史。林徽因又考虑到，由自己出面的话凌叔华可能不会轻易交出日记，便向胡适求助，请他代为出面。

正好胡适打算编辑"徐志摩遗著目录"，并出版徐志摩的"书信集"，便向凌叔华征集徐志摩保存在她那里的"八宝箱"。凌叔华虽然迫于压力将"八宝箱"交了出来，但内心却并不情愿，她曾在1982年和1983年给徐志摩的表妹夫陈从周写信，前信说："不意在他飞行丧生的后几日，在胡适家有一些他的朋友，闹着要求把他的箱子取出来公开，我说可以交给小曼保管，但胡帮着林徽音一群人要求我交出来（大约是林和他的友人怕志摩恋爱日记公开了，对她不便，故格外逼胡适向我要求交出来），我说我应交小曼，但胡适说不必。他们人多势众,我没法拒绝,只好原封交与胡适。"后信曰:"至于志摩坠机后,由适之出面要我把志摩箱子交出,他说要为志摩整理出书纪念。我因想到箱内有小曼私人日记二本,也有志摩英文日记二三本,他既然说过不要随便给人看,他信托我,所以交我代存,并且重托过我为他写'传记',为了这些原因。(里面当然也有褒贬徽音的日记)我回信给胡适,说我只能把八宝箱交给他,要求他送给陆小曼。以后他真的拿起了……但胡不听我说,竟未交去全部。小曼只收回她的二部日记。"

凌叔华本想让胡适把"八宝箱"交给居住在上海的陆小曼,却不料胡适拿到"八宝箱"后直接转手给了林徽因。胡适的意思倒不是将"八宝箱"交给林徽因保存,他只是嘱咐林徽因把箱子里的东西整理一下,编辑好目录。可是林徽因打开箱子之后,却并没有找到最想看的那本"康桥日记"。几日后,她又听张奚若说,叶公超在凌叔华家里看到了"康桥日记"。因此,林徽因便确定这本日记是被凌叔华扣下了。

1931年,北京公祭徐志摩,气氛哀伤肃穆,林徽因和凌叔华两人见面后并没有谈及此事。第二天,凌叔华主动到林徽因家中,提出自己想要编辑出版"徐志摩信札",并向林徽因索要徐志摩致、林徽因的信件。林徽因直接拒绝了凌叔华的要求,并问及凌叔华扣下的"康桥日记"。凌叔华极为不悦,含糊地承认自己那里有一两册。林徽

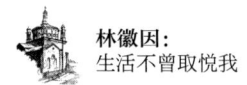
林徽因：
生活不曾取悦我

因听后立马提出要到凌叔华家里去取，被凌叔华推脱下午有要紧事，人不在家中而拒绝了。但是在林徽因强硬的气势下，凌叔华勉强答应，约定十二月九日由林徽因差人到凌叔华家里取日记。

到了约定这天，林徽因亲自上门，却被告知凌叔华不在家中，只收到凌叔华留下的一封信：

昨遍找志摩日记不得，后检自己当年日记，乃知志摩交我仍三本：两小，一大。小者即在君处箱内，阅完放入的。大的一本（满写的）未阅完，想来在字画箱内（因友人物多，加意保全），因三四年中四方奔走，家中书物皆堆栈成山，甚少机缘重为整理，日间得闲当细检一下，必可找出来阅。此两日内，人事烦扰，大约须此星期底才有空翻寻也。

林徽因知道凌叔华是借故躲避，并不想把日记交出来。虽然十分气恼，但还是留下一张字条，表示"康桥日记"中关于自己的部分是不幸事的留痕，想要将日记借来一读，希望凌叔华能够体谅。

不巧的是，凌叔华在几天前知道了胡适当初并没有把"八宝箱"交给陆小曼，而是直接交给了林徽因。凌叔华大为不快，立刻给胡适写信宣泄自己的不满：

第五卷

前天听说此箱已落徽音处，很是着急……现在木已成舟，也不必说了。只是我没有早想到早说出，有点对徐志摩不住。现在从文信上又提到"徐志摩说过叔华是最适宜料理案件的人"，我心里很难过，可是没有办法了，因为说也是白说，东西已经看了。煞风景的事是徐志摩所恨的。我只恨我没有早想到。我说这事也没有什么意思，我并不想在我手中保管（因此时风景已煞，不必我保管，且我亦是漂泊的人），请你不必对徽音说，多事反觉不好。不过内中日记内牵涉歆海及你们的闲话（那当然是小曼写给徐志摩看的），不知你知道不？这也是我多管闲事，其实没有什么要紧吧。

这封信写得又急又气，且有些语无伦次，等到凌叔华将信寄出之后，情绪渐趋平稳，又担心因此得罪胡适和林徽因。思前想后，凌叔华在十二月四日主动将"康桥日记"交给了林徽因。

当林徽因打开盼望已久的"康桥日记"时，却发现这本日记并不完整，仅有半册，而且刚巧断在徐志摩遇见她的前一两天。后来她又听张奚若说，凌叔华曾与沈性仁说过，不想把"康桥日记"交给林徽因。因此，林徽因又确定这本日记最重要的部分还是被凌叔华故意扣了下来。她被凌叔华这种有意拖延的行为气到整晚睡不着，无奈之下只得向胡适求助。

于是，胡适给凌叔华写了一封信：

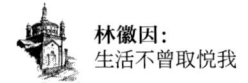
林徽因：
生活不曾取悦我

昨始知你送在徽因处的志摩日记只有半册，我想你一定是把那一册半留下作传记或小说材料了。

但我细想，这个办法不很好。……你藏有此两册日记，一般朋友都知道……所以我上星期编的遗著略目，就注明你处存两册日记。……今天写这信给你，请你把那两册日记交给我，我把这几册英文日记全付打字人打成三个副本，将来我可以把一份全的留给你做传记材料。

在胡适软硬兼施的劝说下，凌叔华无可反驳，只得将后半本"康桥日记"托人带给胡适。但是凌叔华托人送来的日记依旧是不完整的，被截去了四页。这次的行为彻底将胡适和林徽因激怒，胡适在那天的日记里写道："这位小姐到今天还不认错！"还写道："我查此半册的后幅仍有截去的四页。我真有点生气了。勉强忍下去，写信去讨这些脱页，不知有效否。"

得知这样的情况，一向脾气急躁的林徽因再也无法维持对凌叔华的礼貌与忍耐，直接给胡适写了数千言的长信历数是非曲直，不久又写了一信发泄心中的怒火："我以前不认得她，对她无感情，无理由的，没有看得起她过。后来她嫁通伯，又有《送车》等作品，觉得也许我狗眼看低了人，始大大谦让真诚地招呼她，万料不到她是这样一个人！真令人寒心。"林徽因性格中尖锐直接、毫不退让的一面在

第五卷

"这封信件中展露无遗。

虽然林徽因从此对凌叔华心怀芥蒂,但是在1936年主编《大公报文艺选刊:小说选》时,还是不偏不倚地选编了凌叔华的《无聊》。1948年,赵清阁到林徽因家做客,两人谈起英国电影,林徽因还主动提及在英国定居的凌叔华,并表示对其定居英国而感到高兴。

另一边,凌叔华对胡适偏袒林徽因的行为一直耿耿于怀。许多年过去后,八十三岁的凌叔华在与人谈论此事时,依旧无法谅解他们,她说:"日来我平心静气地回忆当年的情况,觉得胡适为何要如此卖力气死向我要志摩日记的原因,多半是为那时他热衷政治。志摩失事时,凡清华北大教授,时下名女人,都向胡家跑。他平日也没机会接近这些人,因志摩之死,忽然胡家热闹起来,他想结交这些人物,所以得制造一些事故,以便这些人物常来。"这些话显然与当时的实际情况相去甚远,在当事人都已经逝世的情况下,凌叔华故意说出刻薄的言语来诋毁他人,令人不禁感慨,曾经优雅的"名女人"凌叔华最后还是蒙上了世俗的暗淡。

至今,现存的文字材料依然无法证实胡适是否将缺失的四页"康桥日记"要回。而且,林徽因后来并没有公开发表"康桥日记",她在给胡适的信中解释说,"康桥日记"在文学上的价值并不大,而关系人个个都还活着,因此并不适合出版。林徽因去世后,"康桥日记"也遍寻不着。"八宝箱"的下落就这样成为一桩迷案,再无影踪。

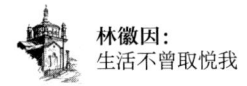
林徽因：
生活不曾取悦我

一生挚友：费正清和费慰梅

1932年，牛津大学博士研究生John King Fairbank（约翰·金·费尔班克）为了完成关于清朝海关档案的博士论文，乘着轮船穿越日本海军陆战队同十九路军在闸北的战场，冒着漫天的炮火来到中国北京收集清季外交资料。

刚到北京的约翰·金对这个异国大陆充满好奇，他喜欢一个人拿着相机在城墙周围走走停停，时而拍下三三两两行人闲庭信步地走在街头的画面，时而对着高大的城楼、钟鼓楼、角楼摆弄相机，以拍出他心目中完美的景物构图。这座有着五百年历史的古城，有着厚重的文化气息，让他忍不住想要抽丝剥茧，一探究竟。于是，约翰·金在中央研究院一边学习汉语，一边研究清朝政府与西方各国的外交历史。没过多久，清华大学便把这个对中国充满兴趣的留学人才请到清华任职，讲授欧洲文艺复兴的历史。

在北京站稳脚跟后，约翰·金立刻邀请自己的未婚妻Wilma

Canon(威尔玛·坎农)来到中国。两人怀着对中国文化和艺术的热爱,努力融入这片土地。不久,两人举办了婚礼,步入婚姻的殿堂。

在举办婚礼的两个月后,约翰·金和威尔玛在北京美术俱乐部举办的画展上,认识了梁思成和林徽因,两对夫妇都对学术满怀热爱,同样具有超群的天赋,第一次见面就交谈甚欢,相见恨晚。梁思成还为约翰·金和威尔玛取了中文名字:费正清和费慰梅。

费正清在北京的大部分时间都忙于学习中文和参加各种学术研究活动,而费慰梅则带着来拜访他们的妹妹玛丽亚外出写生。玛丽亚回忆当时与费正清和费慰梅一起生活的场景时说:"每天早上,约翰·金,一位高个子金色头发的家伙煞有介事地穿着中式长棉袍,随时在院子里的一头开始他中文的学习。他被写满单个汉字和句子的卡片包围着,他正向着这种很难学会的语言发起总攻。我的姐姐威尔玛是一位艺术史学家,她常在另一间屋子里摆弄她的唐代拓片,她想将它们复原。而我则坐在餐厅,面对着四合院,在藤老师的指导下学习中国画……"

费正清和费慰梅面对北京的万千风物,看得眼花缭乱,他们并没有迷失在这形形色色的景色中,反而清醒地知道他们只是这座城市的看客。直到他们遇见了梁思成和林徽因,梁思成和林徽因既熟悉费慰梅生活的美国城市波士顿,又熟悉费正清求学的英国城市伦敦,在相似的生活经历和共同的学术理想下,两对夫妇有着说不完的话题,漂

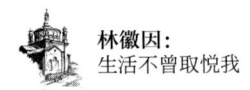

泊的费正清和费慰梅才终于让自己的心灵在北京获得了栖息，也经常出入林徽因举办的"太太的客厅"。

1932年，在与费正清和费慰梅相识一年后，林徽因生下了她的第二个孩子——梁从诫。取这个名字有两个原因，一是为了纪念中国古代建筑典籍《营造法式》的作者李诫，二是希望这个孩子将来能够子承父业，像梁思成一样成为出色的建筑学家。新生命降临，全家都喜气洋洋，林徽因还专门写下了一首《你是人间的四月天》给儿子梁从诫。

我说你是人间的四月天；
笑响点亮了四面风；
轻灵在春的光艳中交舞着变。
你是四月早天里的云烟，
黄昏吹着风的软，
星子在无意中闪，
细雨点洒在花前。
那轻，那娉婷，你是，
鲜妍百花的冠冕你戴着，
你是天真，庄严，
你是夜夜的月圆。

雪化后那片鹅黄,你像;
新鲜初放芽的绿,你是;
柔嫩喜悦,
水光浮动着你梦期待中白莲。
你是一树一树的花开,
是燕在梁间呢喃,
——你是爱,是暖,是希望,
你是人间的四月天!

这是一段难得的安逸美好的时光,小小的院子里种着高大的树木,客厅的窗户朝南,窗台不高,有中式窗棂的玻璃窗,冬天的太阳可以照射到屋里很深的地方。窗前的梅花,泥塑的小动物,沙发和墙上的字画都沐浴在阳光中,林徽因的心情也变得明朗起来。关于友情,关于亲情,关于思辨,关于灵感……一切都在林徽因的笔尖上流转。

费慰梅总是喜欢在傍晚时分骑着自行车到梁家,穿过内院找林徽因。两个不同国籍的女性常常在客厅里找一个舒适的角落坐下,对着深夜的烛光,泡上两杯热茶,兴高采烈地跟对方分享自己的故事。她们有时候会分析和比较中国与美国的不同价值观和生活方式,更多的时候又会转向文学、历史和冒险等共同的兴趣,还会将自己欣赏的朋

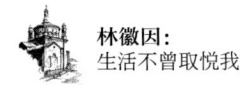
林徽因：
生活不曾取悦我

友介绍给对方。其中林徽因提到最多的便是诗人徐志摩，每次提起徐志摩，林徽因总会回忆起当时她在伦敦的经历，还会谈到雪莱、拜伦等诗人，只要是有关诗歌的话题，徐志摩的名字一定会被林徽因挂在嘴边，反复提起。

值得一提的是，林徽因和费慰梅聊天时都使用英语，哪怕后来费慰梅的汉语水平提高了很多，她们依然主要用英语交谈。费慰梅还跟梁再冰说过，林徽因的英语十分流利，就连她都有几分羡慕。

费正清在繁忙的工作之余，也不忘尽情地领略东方古国的浪漫和悠闲。他带着妻子沿着帝国宫殿的路回家，乘车穿过宫殿的大门，黄昏时分抵达居住的胡同……在烛光下，两人甜美而亲密地就餐，屋外传来中国人举行婚礼时的笛声和铜锣声，这样的时光，就像游走在梦幻般的世界。

而梁思成和林徽因作为梁家的长兄、长嫂，得承担起照顾弟弟妹妹的重任。梁思成总是在营造学社忙于工作，梁家的四合院里却总是有来来往往的亲朋好友，林徽因不得不以孱弱的身体操持着整个大家庭的家务。

费正清和费慰梅体谅林徽因的操劳，总是在林徽因偶尔空闲时带她去郊外骑马散心。林徽因特意置办了一对马鞍、一套马裤，穿上这身装束骑在马背上，英姿飒爽，一点都不像是个体弱多病的女学者，反而像个整装待发的女将军。费正清和费慰梅给林徽因的生活注入了新的活力,让她在疲惫的生活中一直保持着一颗活泼开朗的心。

1946年,费正清回到哈佛大学历史系任教,开创了费正清学派,并建立哈佛大学东亚研究中心,把中国的文化更大幅度地传播到其他国家。费正清和费慰梅回到美国后,与梁思成和林徽因的交流只能通过书信来实现。后来梁家在李庄躲避战乱时,处境艰难,生活非常拮据,为了节省开支,给亲友写信时也只能用裁开的小纸片,一次邮费都够全家好几天的开销,尽管如此,两对夫妇的联系也从未中断。林徽因写信时会将每一张纸都写得密密麻麻,把自己所有的心事向费慰梅倾诉。

在李庄时,林徽因厌烦了家务琐事,写信跟费慰梅抱怨道:

当我在做那些家务琐事的时候,总是觉得很悲凉,因为我冷落了某个地方某些我虽不认识,对于我却更有意义和重要的人们。这样我总是匆匆干完手头的活,以便回去同别人'谈话',并常常因为手上的活老干不完,或老是不断增加而变得很不耐烦。这样我就总是不善于家务,因为我总是心不在焉,心里诅咒手头的活(尽管我也可以从中取乐并且干得非常出色)。另一方面,如果我真的在写作或做类似的事,而同时意识到我正在忽视自己的家,便一点也不感到内疚,事

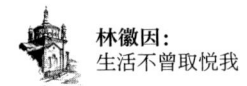

林徽因：
生活不曾取悦我

实上我会觉得快乐和明智，因为做了更值得做的事。只有在我的孩子看来生了病或体重减轻时我才会感到不安，半夜醒来会想，我这么做究竟是对还是不对。

费慰梅一看便知道林徽因是在为何痛苦和愁闷，她说："林徽因当然是过渡一代的一员，对约定俗成的限制是反抗的。她不仅在英国和美国，而且早年在中国读小学时都是受的西方教育。她在国外过的是大学生的自由生活，在沈阳和思成共同设计的也是这种生活。可是此刻在家里一切都像要使她铩羽而归。……她在书桌或画报前没有一刻安宁，可以不受孩子、仆人或母亲的干扰。她实际上是这十个人的囚犯，他们每件事都要找她做决定。当然这部分是她自己的错。在她关心的各种事情当中，对人和他们的问题的关心是压倒一切的。她讨厌在画建筑的草图或者写一首诗的当中被打扰，但是她不仅不抗争，反而把注意力转向解决紧迫的人间问题。"

由此看来，费慰梅是真正懂林徽因的，她懂林徽因的学术理想、懂林徽因的精神世界和需求、懂林徽因细腻幽微的情感……也唯有身为西方女性的费慰梅能够这样懂林徽因。毕竟在当时的中国传统社会中，绝大部分女性的任务主要是负责照顾家人，操持家务，而林徽因的追求并不在此。

在狼狈的逃难生活中，费慰梅成了林徽因心中的一线光亮，是她在灰败和绝望中的支撑和寄托，每当林徽因回忆起人生中那些畅快淋漓的美好时光，总是会有费慰梅在一旁明亮的笑容。"海内存知己，天涯若比邻"，对于这两对夫妇来说，无论他们相隔多远，心与心之间仿佛从不会分离。

第六卷

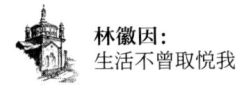
林徽因：
生活不曾取悦我

考察独乐寺

1931年，日本占领东北后，国内硝烟弥漫。面对这样的国内形势，梁思成和林徽因意识到，他们必须在最短的时间内对华北的古建筑、中原的古建筑进行考察，否则一旦日本的侵略继续扩张，所有的建筑瑰宝都会在战火中化为废墟。

梁思成第一次古建筑考察行动的对象是河北蓟县独乐寺。春意渐浓，晨光熹微，梁思成与弟弟梁思达在北京东直门外的长途汽车站出发，挤上了满满当当的车厢，一路颠簸，在车上度过整整一天，直到黄昏时刻才到达蓟县。当地道路艰险、兵匪横行，梁思成住店之后赶紧给林徽因打了个电话，第一句话就是："没有土匪！四个人住店，一宿一毛五！"可见当时环境之险恶。

独乐寺观音阁高耸于城墙之上，屋角外展，飞檐如翼，斗拱雄大，古朴灵动的气质扑面而来。梁思成站在山门外看到这座古建筑的第一眼，路上所有的艰辛都烟消云散，脑海中只剩下一句："若骤见此阁，必疑身之已入西方极乐世界矣。"

独乐寺的整体气势恢宏，但是步入其中却能发现几乎每个细节都十分精巧。独乐寺的山门是我国现存最早、规格最高的庑殿顶山门，屋顶由一条正脊和四条垂脊组成，形成了四面斜坡。庑殿顶在我国古建筑屋顶样式中等级最高，极少在小规模建筑上使用，因此独乐寺山门在古建筑中可谓珍贵极品。

山门屋顶的正脊两端有一对龙头鱼尾形状的鸱吻，尾尖向内，不同于明清寺院建筑的鱼尾翻转向外，具有唐代雕刻遗风。走进山门内，又见东西两侧各立着一尊四米半高的"哼哈二将"的泥塑，造型古朴苍劲，雕刻手法简练峭拔，透露着辽代雕塑的特点。

穿过山门，一座高耸庄严的观音阁伫立在眼前，这座主建筑高达二十三米，从外看有两层，然而进入楼内却会发现两层楼之间还有一个暗层，楼内的三层都没有楼板，安放着一座体型高大的观音像。楼的里外二十八根立柱，与梁、枋、斗拱连为一体，形成"筒式结构"，增加了楼的稳固性，让这座古老的建筑历经千年的灾害战乱却依然傲然地俯瞰大地。当地的蓟县人民把独乐寺奉为福地和圣地，世代保护着这座圣殿。

经过梁思成仔细的考察勘测，终于得出结论，独乐寺建于辽统和二年（公元 987 年）。在中外学者所发现的古建筑中，最古老的也不过建成八百九十多年，而独乐寺却将这一记录大大提前。同时，这座

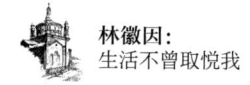

辽代木构建筑的发现，也向世人证明了木构建筑能够长久保存和人们质疑的木造材料并没有直接关系。

梁思成迫不及待地与林徽因分享这个考察结果，这次的惊喜给了两人极大的信心，也为他们破译《营造法式》之谜打开了一扇窗。因为对于成书于宋代的《营造法式》，梁思成和林徽因完全不了解书中的侧角、生起、斗拱等结构，但是从独乐寺的构造上，他们见到了唐宋早期建筑的形制。

兴奋之余，梁思成也怀着忧虑和惋惜。在他心中视若珍宝的寺院，昔日鲜亮夺目，今朝满目疮痍，被人摧毁破坏良多，于是他一再地在考察报告中强调一定要保护好这座珍贵的古建筑。

如今，独乐寺是全国重点文物保护单位，只不过这座千年古寺由于禁绝香火，开始变得寂寥和清静了。

1932年，梁思成发表了震惊学界的《蓟县独乐寺观音阁山门考》，里面提到：

观音阁及山门既为我国现存建筑物中已发现之最古者，且保存较佳，实为无上国宝，如在他国，则政府及社会之珍维保护，唯恐不善。而在中国，则无人知其价值，虽蓟人对之有一种宗教的及感情的爱护。然实际上，蓟人既无力、亦无专门智识，数十年来，不唯任风雨之侵蚀，且不能阻止军队之毁坏，此千年国宝，行将于建章、阿房同其运命,而成史上陈迹。日本古建筑保护法颁布施行已三十余年,回视我国之尚在大举破坏,能不赧然。

　　日本建筑学者当初断定中国最古老的木建筑是辽代的华严寺,对着中国学者口出狂言,轻蔑地表示中国建筑界学者无一能人。梁思成的这一发现,便是对日本学者的嘲讽强有力的反击。不仅如此,日本学者还曾说过,偌大的中国因为没有人懂得建筑的艺术,早就把唐代的建筑遗忘并破坏得一干二净,所以中国人若想看唐代的建筑,只能到日本去参观。但是独乐寺是在唐朝倾覆后七十七年重建的,这意味着真正的唐代木构建筑离中国建筑学者不远了。

　　因着考察独乐寺的成功,梁思成又准备考察宝坻的西大寺。事实上,在出发去宝坻那天,还不到早上五点,梁思成和营造学社的同事们就到了东四牌楼长途汽车站,一直等到七点才等来了车。汽车站位于猪市当中,北京市每日所用的猪都从这里分发出去,梁思成等人在两千多只猪的惨叫声中,上车向东出朝阳门而去。

　　梁思成刚到西大寺的门口时,看着外面的斗拱、梁架与普通的寺院没有什么不同,不免有点失望。但是当他走进殿内抬头一看,眼前的建筑物和《营造法式》上所称的"彻上露明造"的梁坊结构完全一致。梁思成顿时激动不已:"在发现蓟县独乐寺几个月后,又得见一个辽构,实是一个奢侈的幸福。"

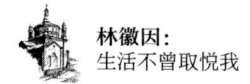
林徽因：
生活不曾取悦我

由于林徽因要在家里照顾梁再冰和刚出生的梁从诫，无法跟着梁思成一同去野外考察的古建筑。只好在做完家务之后抽空进行文学创作，或者替梁思成整理考察资料。

1932年，林徽因完成了建筑学论文《平郊建筑杂录》，并为燕京大学设计了地质馆，还与梁思成一起设计了燕京大学灰楼女大学生的宿舍。她在《平郊建筑杂录》写道：

无论哪一个巍峨的古城楼，或一角倾颓的殿基的灵魂里，无形中都在诉说，乃至歌唱时间上漫不可信的变迁。由温雅的儿女佳话，到流血成渠的杀戮，他们所给的"意"，的确是"诗"与"画"的。但是建筑师要郑重郑重地声明，那里面还有超出这"诗""画"以外的"意"存在，即不叫他做"建筑意"，我们也得要临时给它制造个同样狂妄的名词。

当时还是燕京大学学生的侯仁之先生后来回忆："大约是1934年秋天的一次大学讲演，主讲人是林徽因先生，讲题是'中国的塔'。我决心去听讲，并不是我对塔的建筑有多大兴趣，主要是慕名前往。可是再也没有想到，这一次精彩的讲座，却启发了我对古典建筑艺术的感受。而稍后读到了梁思成、林徽因两位先生合写的《平郊建筑杂录》时，好像是那次精彩讲座上的回声。"

在林徽因的眼里，每一座建筑都有自己的灵魂，每一座古建筑都有自己的历史，不仅仅局限于儿女情长或战乱杀伐的故事中，还有超越"诗"与"画"的建筑意义，这是林徽因来自灵魂深处的感受，她要给建筑添上更深层次的概念，就像是"凝固的音乐""无声的史诗"。这一概念的提出是林徽因在建筑学方面独特的、富有文化学内涵的重要建树。

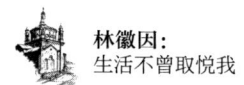

林徽因：
生活不曾取悦我

考察大同古建筑

1933年，林徽因在家中照顾孩子、处理家务，日子实在沉闷，她看着梁思成和营造学社同人在外面跋山涉水地寻访古建筑，不禁心驰神往。此时梁从诫也满一岁了，林徽因下定决心，执意要随着梁思成和营造学社同人一起前往山西大同考察，梁思成只得遂了她的意。

就这样，梁思成和林徽因与营造学社同人一行五人出发前往大同。从家务琐事缠身中解放出来的林徽因，兴奋地在山路上哼着小曲四处张望，天空澄澈，深林苍郁，远处的村落在夕阳的映照下更添静美。然而，风景越是质朴的地方，往往越是人烟稀少。

梁思成和林徽因一行人到了大同才发现，这里连投宿的地方都没有，街道上主要的交通工具是毛驴，而车马店竟然是这里唯一的"接待站"。林徽因忍不住感慨："谁能想到，这里在辽金时代曾是陪都！"

大家讨论一番后，决定先回大同火车站再做打算。幸运的是，梁

第六卷

思成和林徽因等人在火车站遇见了在美国宾夕法尼亚大学的同学李景熙。在李景熙的安排下，梁思成和林徽因一行人得到了市政当局的优待，为他们在考察期间提供饮食。

在山西大同，梁思成和林徽因等人寻访了建于辽金时代的华严寺和善化寺。梁思成不顾自己受过伤的腿，依然坚持爬上梁柱，在殿堂房顶一边测量一边绘图。众人分工合作，高效率地完成了华严寺和善化寺的考察工作，之后立刻赶赴云冈石窟，着手考察石刻艺术中的北魏建筑。

越往云冈石窟前进，条件越是艰苦，到后来，一行人连车马店都找不到，只能寻求当地村民的帮助。众人一路上只能以土豆和玉米面为食，偶尔在村民家中得到咸菜的款待，都算得上是一顿佳肴。

尽管如此，一行人依旧情绪高昂，为了理想不懈地坚持着。终于，他们迎来了一个个错落的窟龛，云冈石窟呈现在他们眼前。

北魏文成帝时期，这里是当时的都城——平城。文成帝再兴佛教，任命高僧昙曜为昭玄都统，管理僧众。昙曜潜心修行，道誉日高，后又应文成帝的请求，在武周山山谷北侧石壁开凿窟龛，共凿五所，窟高二十余丈，可容三千人。每窟镌造佛像一尊，皆高六七十尺。昙曜以非同常人的诚心和执着，揭开了云冈石窟开凿的序幕。

从北魏文成帝复法启开凿之始，到北魏正光年间终结，前后大致经历了七十余年，形成了东西绵延约一公里的蔚然大观。云冈石窟存

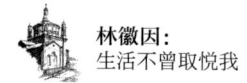

有主要洞窟四十五个,大小窟龛二百五十二个,石雕造像五万一千余躯,高高低低的造像,有的高达十七米,有的低至二厘米,可谓是盛大之外,别有匠心。北魏郦道元曾在《水经注》中记载着当时恢宏雄浑的盛况:"武州川水又东南流,水侧有石,祇洹舍并诸窟室,比丘尼所居也。其水又东转迳灵岩南,凿石开山,因岩结构,真容巨壮,世法所稀,山堂水殿,烟寺相望,林渊锦镜,缀目新眺。"

云冈石窟是中国早期佛教艺术壮观的遗迹,代表了公元五至六世纪中国佛教艺术的最高成就,是北魏艺术的实证。梁思成和林徽因一行人勘测了云冈石窟的平面,并考察了它的建筑年代,证实了云冈石窟建筑时间的相关历史记载。

石刻中的建筑形式有塔、殿宇、洞口柱廊等,随处可见一些极具北魏时代风格的建筑结构,如柱、阑额、斗拱、藻井等,还有石刻中的飞仙及装饰花纹。造像的风格各异,有的质朴刚健,有的秀骨清像,有的则雍容华贵……这一幅蔚然壮观的北魏时光卷轴在众人面前徐徐展开,令人炫目。

石刻艺术在这里表现得登峰造极,熔铸着东方石刻的精魂。林徽因深深沉醉在这琳琅满目的线条与雕饰中,她后来这样记叙这次的考察行动:

旬日来眼看去的都是图画,日子都是可以歌唱的古事。黑夜里在

第六卷

山场里看河南来到山西的匠人,围住一个大红炉子打铁,火花和铿锵的声响,散到四围黑影里去。微月中步行寻到田陇废庙,划一根"取灯"偷偷照看那瞭望观音的脸,一片平静,几百年来没有动过感情的,在那一闪光底下,倒像挂上一缕笑意。

我们因为探访古迹走了许多路;在种种情形之下感慨到古今兴废。在草丛里读碑碣,在砖堆中间偶然碰到菩萨的一只手一个微笑,都是可以激动起一些不平常的感觉来的。……由北平城里来的我们,东看看,西走走,夕阳背在背上,真和掉在另一个世界里一样!

梁思成和林徽因结束了石窟的考证之后,将下一程的考察计划确定为应县佛宫寺的辽代木塔。

林徽因早就为日本学者断言说中国没有唐代以前的建筑感到气愤不已,如今有机会去考察离唐代不远的辽代建筑,她自然是决定要跟着去的。但是梁思成考虑到林徽因的身体虚弱,受不了长时间的跋涉,便希望林徽因先回家,并向她保证,一定会及时把考察的情形写信告诉她。于是,林徽因不得不提前回了北京。

1933年秋,梁思成、刘敦桢、莫宗江等人来到应县木塔处。应县木塔高达六十七余米,底层直径约三十米,大致相当于现代一栋二十层高的楼房。全塔采用的是中国传统的榫卯结构,柱、梁、斗拱嵌套在一起,形成了套筒结构,共耗费红松木料约三千立方米,没有

林徽因：
生活不曾取悦我

用一颗钉子。经历了将近一千年的时光侵蚀，风吹雨打，日光暴晒，地震灾害，应县木塔都没有受到损害。台阶上的角兽都风化了，但是木头却没有出现任何问题。

当梁思成抚摸着应县木塔的结构时，震惊得说不出话来，只是遗憾，没有让林徽因实地考察如此宏伟壮观的木结构塔。梁思成在给林徽因的信中这样写道："……你走后我们大感工作不灵，大家都用愉快的意思回忆和你各处同作的畅顺，悔惜你走得太早。我也因为想到我们和应县木塔特殊的关系，悔不把你硬留下同去瞻仰。家里放下许久实在不放心，事情是绝对没有办法，可恨。"为了弥补这个遗憾，梁思成给林徽因拍了很多应县木塔的照片。

应县木塔是一座辽代木建筑，建于公元1038年。日本学者曾宣称中国最古寿木建筑是大同华严寺薄伽教藏殿，而应县木塔和大同华严寺薄伽教藏殿同寿，却是海内孤例的纯木结构塔！这次的考察发现，又给了日本学者傲慢的言行一记有力的回击。

为此，林徽因感慨道："中国建筑的演变史，在今日还是个灯谜，现在唐代木构在国内还没有找到一个，而宋代所刊《营造法式》又还有困难，不能完全解释的地方。这距唐不久、离宋全盛时代还早的辽代，居然遗留给我们一些顶呱呱的木塔、高阁、佛殿、经藏，帮我们抓住前后许多重要的关键。这在几个研究建筑的死心眼人看来，已是了不起的事了。"

在梁思成等建筑专家的考察指导下，应县木塔这一绝世瑰宝得到了人们的认识和重视。这座塔共运用了五十九种功能不同的斗拱结构，一座塔就是一座中国古建筑斗拱博物馆。2016年，应县木塔获吉尼斯世界纪录认定，为世界最高的木塔，如今它依然是中国现存最高最古老的唯一一座木构塔式建筑，与意大利比萨斜塔、巴黎埃菲尔铁塔并称"世界三大奇塔"。

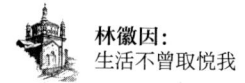
林徽因：
生活不曾取悦我

山西之行

1934年的夏天，闷热的气息笼罩着大地，知了聒噪地在树枝上嘶鸣，北总布胡同三号院子里的花草在烈日的暴晒下显得无精打采。这样的时节总是让人昏昏欲睡，梁思成和林徽因决定去山西峪道河避暑，以此放松心情，顺便也考察一下山西南部的古建筑。他们计划用一个月左右的时间，以峪道河为出发点，把邻近几个县的庙宇建筑纳入重点考察的范围。

正巧费正清和费慰梅在汾阳山区避暑，住在一座古老的石头磨坊中，附近是一条淙淙溪流，满峪道的杨树遮出了大片大片的绿荫。梁思成和林徽因也来这里分享了惬意的阴凉，这是一座围着一个方形天井的单层房屋，清风拂来，景色幽深，林徽因感受到了全身心的舒畅与自在，连日赶路的疲惫也一扫而空。听说了梁思成和林徽因的考察计划后，费正清和费慰梅立刻说要一起参加古建筑的考察，毕竟他们一个酷爱中国艺术，一个对中国历史文化充满了兴趣。

第六卷

两对志趣相投的夫妇就这样结伴出发了,他们看罢了汾阳附近的寺庙,便沿着汾水南下准备去赵城,寻找宋版藏经的晋南赵城广胜寺。

然而,启程前往赵城的第一天就出师不利。当时,晋系军阀阎锡山为了阻止蒋介石进军他的山西领地,竟把进山西的公路线全部改为铁路,而且专门采购了型号并不通用的德国铁轨。此举虽然阻挡了蒋介石北上的步伐,却给当地的百姓带来了极大的不便。

道路不便,连日暴雨,兴筑的路基已经泥泞不堪。梁思成租用的汽车行驶一日才走了十几里,正是将近黄昏时,车却再也无法向前行进。一行人不得不在半路下车,并打发司机开着空车回程。

他们在附近找到了一座小庙,支起帆布床,还引来了附近民众的好奇窥探,但众人精疲力尽,已经顾不了这么多了,只是倒头就睡。

第二天,一行人继续出发,却只能找到驴车,在生锈的铁路上颠簸,令人头昏脑胀、腰酸背痛。谁曾想,第三天的形势更是糟糕,当地所有的车都被军阀征去修筑铁路了,他们只找到了三辆手推车来安放行李,四个人只能徒步行走,对于梁思成的跛足来说,更是折磨。幸而晚上在当地一个军阀长官的帮助下,他们有了私人住房可以好好休息。

到了第四天,道路变成了未筑成的路基,坑坑洼洼,独轮车也坏了一辆,推车的师傅在距离他们的目标霍县县城二十多里外便不肯再

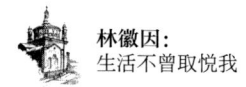

走了。在走投无路的情况下,梁思成花重金雇用了当地的孩童为他们打灯笼照路,一番艰难跋涉,终于在晚上十一点到达了县城,并得到一位教徒的帮助,众人喝完面汤之后便累得睡死过去。在霍城的两天中,四人得到了一对英国传教夫妇的热情招待。但由于城中最具价值的古建筑正被一队士兵占领,梁思成和林徽因只得无奈放弃,转向赵城出发。

一路上,费正清和费慰梅都积极地与当地的传教士交流,并得到了传教士的热情帮助,这让梁思成和林徽因心中不是滋味,明明是在自己的国家,每到一处却都是在接受外国人的帮助,这样的状况大大伤害了两人的民族自尊心。

去往赵城的路上算是顺利,众人在赶路的过程中终于有心情欣赏苍翠的原野和幽深的茂林。到达赵城广胜寺后,梁思成和林徽因得以见到这独特的建筑结构,之前的艰辛跋涉仿佛淡化了许多。林徽因感叹道:"这次晋汾一带暑假的旅行,正巧遇着同蒲铁路兴工期间,公路被毁,给我们机会将三百余里的路程,慢慢地细看。假使坐汽车或火车,则有许多地方都没有停留的机会,我们所错过的古建,是如何的可惜。"

费正清夫妇也记录了山西之行的这段日子:"1934年的山西夏日历险记的主人公包括:两位科班毕业的建筑师、两位天才烹饪大师、一位历史学家、一位画家、一位卓有成就的摄影师、一位天津大公报的记者、一位行李打包专家、她在艺术上的死对头……最早起床的人,第二名起床的人,两位第三名起床的人……"

山西之行结束了,四个人的友情愈加深厚,哪怕后来横跨着战争硝烟的迷雾,也没有中断他们的友情。费正清在《费正清对华回忆录》中写道:"1935年12月,我们不需要坚忍不拔。慰梅和我即将动身到一个更幸福的世界去了。离开思成、徽因让人黯然神伤,共度的日子让我们已不分你我,难以割舍。徽因成了我和慰梅最亲密的朋友。分别令人心碎。"

当然,此次山西之行,梁思成和林徽因难免有些遗憾,他们满怀期待地想要在这趟山西之旅中发现唐代木构建筑,结果却不尽如人意。但也正是这样,才让林徽因意识到,如果唐代木构建筑还存在的话,那么肯定是在远离尘世人烟的地方。

1936年,梁思成和林徽因又踏上了考察古建筑的征程,目标是洛阳龙门石窟。在这里,他们发掘了龙门石窟岩石建筑的神韵之美,体会到了开封县的繁塔、铁塔、龙亭等建筑的灵魂之史诗。在一次考察途中,林徽因还给梁思庄写了一封信:

思庄,出来已两周,我总觉得该回去了。什么怪时候赶什么怪车都愿意,只要能省时候。每去一处都是汗流浃背的跋涉,走路工作的时候,又总是早八至晚六最热的时间里,这三天来可真是累得不亦乐

林徽因：
生活不曾取悦我

乎。吃的也不好，天太热也吃不大下，因此种种，我们比上星期的精神差多了。整天被跳蚤咬得慌，坐在三等火车中，又不好意思伸手在身上各处乱抓，结果浑身是包。

考察古建筑的路途异常艰辛，但是每一次考察都能带给林徽因新的发现。林徽因认为，建筑是人类文化的历史，是人类文化的记录，反映着时代精神的特质。想要成为一名优秀的建筑师，就要有哲学家的头脑、社会学家的眼光、工程师的精确与实践、心理学家的敏感和文学家的洞察力。总之，要以文博的知识为铺垫，要成为具有较全面修养的综合艺术家。

林徽因考察着一座座有灵魂的建筑，情不自禁地写下一首《深笑》来赞颂建筑艺术：

是谁笑得那样甜，那样深，
那样圆转？一串一串明珠
大小闪着光亮，迸出天真！
清泉底浮动，泛流到水面上，
灿烂，
分散！

是谁笑得好花儿开了一朵?

那样轻盈,不惊起谁。

细香无意中,随着风过,

拂在短墙,丝丝在斜阳前

挂着

留恋。

是谁笑成这百层塔高耸,

让不知名鸟雀来盘旋?是谁

笑成这万千个风铃的转动,

从每一层琉璃的檐边

摇上

云天?

梁思成和林徽因的建筑考察事业,踏遍了祖国的山川流水,在一次又一次的意外、惊喜、骄傲中,散落在中国各处的古建筑,被执着的他们发现、拍摄、测量,记录在考察报告中。

很多古建筑都是通过梁思成和林徽因的考察被世人认识并加以保护,如河北的赵州石桥、山西朔州市的应县木塔、山西五台山的佛光寺等。美国宾夕法尼亚大学亚洲研究中心教授夏南夕说:"假如不是

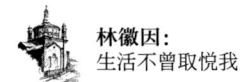

梁思成和他的妻子林徽因，还有刘敦桢、莫宗江等等，他们肩负寻找历史的重任，在这些古迹彻底灭绝之前，他们寻找、发现、记录、整理，否则的话，有可能大约二十处在中国最早的建筑物——那些早于公元1100年左右的古建筑，或者几百处公元1400年的古建筑都将遭到损毁或不复存在。"

从1930年到1945年，梁思成和林徽因共同走过了中国的十五个省，两百多个县，考察测绘了两百多处古建筑物，获得了许多远溯唐宋的重要发现。中国营造学社同人踏遍了祖国的千山万水，行走在河北、山西、陕西、河南、山东、辽宁、湖南、浙江、江苏等多个地区执着又艰辛地考察古建筑，记录了一套关于中国建筑的测绘图稿，给后世留下了无价之宝。

第六卷

探寻佛光寺

1937年夏天,梁思成和林徽因以及营造学社同人第三次前往山西考察。数年间的古建筑考察,一座座中国古代建筑被发现、测量、整理、开展文物保护,林徽因在兴奋之余,却又有无尽的遗憾。作为中国的建筑学者,林徽因始终无法忍受日本学者那狂妄的断言——"中国人若想看唐代的建筑,只能到日本去参观。"

过去六年里,每一次出行考察,林徽因都在心中默默祈祷,奇迹能出现,但是上天似乎并没有听见她虔诚的祷告,始终毫无回应。尽管如此,林徽因和梁思成却没有放弃,夫妇两人始终相信,在地大物博的中华大地上,依然存在着屹立不倒的唐代木建筑。

在一次图书馆查阅资料的过程中,法国学者伯希的《敦煌石窟图录》给梁思成和林徽因留下了一点线索:敦煌六十一窟所描绘的唐代山西五台山地区的"大佛光寺"壁画中,描述了佛教圣地五台山的全景,并标明了每座寺的名字。梁思成又在图书馆见到一本《清凉山

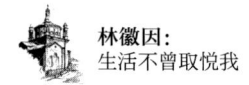
林徽因：
生活不曾取悦我

（山西五台山）志》，里面有佛光寺的记载。梁思成和林徽因希望按图索骥，在五台山实现寻找唐代木构的梦想。

对于林徽因来说，这是一次终生难忘的山西之行。六月，梁思成、林徽因、莫宗江和纪玉堂一起乘火车到太原，再坐车到一百二十多公里外的东冶。到了东冶，梁思成和林徽因等人骑着驮骡进入险峻的深山。

一座座山峰拔地而起，山上绿盖如荫，满山苍翠直顶云霄，群山回响，云雾环绕，本是赏心悦目的美景，但是梁思成和林徽因等人却不敢细细欣赏，因为他们正骑着驮骡沿着险峻崎岖的山路行走，不敢掉以轻心，只要一不小心就会掉入悬崖，凶险万分。从下坡路走到上坡路，又从上坡路走到下坡路，梁思成和林徽因等人就在这山势陡峭的山路上走了足足两天，才到达一个名叫"豆村"的地方，就在这里，林徽因眺望到远处有一座蒙尘的古寺，这便是"大佛光寺"。

佛光寺坐东朝西，南、北、东三面环山，寺前开阔，气势恢宏。进入山门，前后有两个院落，以后院的东大殿为正殿，殿、堂、楼、阁、窑、房、厩、舍，建筑高低错落，主从有致。殿内的门、窗、柱、斗拱、墙壁等都没有施加彩绘，显得沉静古朴。

据史料记载，这座寺院始建于北魏时期，是五台山颇负盛名的大寺之一。唐武宗"会昌灭法"时，佛光寺被毁，十二年后，由逃亡在外的该寺僧人愿诚法师募资重建。

梁思成一见佛光寺东大殿，就忍不住惊呼了一句："我们终于找到了唐代的建筑了！"众人都兴奋不已，立刻分工开展工作，去找确切的证据来证明佛光寺是唐代建筑，如果能找出大殿的建造年代，就更具有说服力了。

刚开始的几天，梁思成和林徽因等人围绕着佛光寺测绘了好多天，发现无论是斗拱、梁架、藻井以及雕花的柱础都能得出这肯定是晚唐时期的建筑，但是他们依然苦于没有直接实在的事物证明准确的时期。

林徽因想着，那些被人遗忘的角度会不会藏着一些秘密呢？于是便爬上了屋顶上的顶梁柱，走进斜坡殿顶的下方的空阁处，这里的尘埃积累了千年，林徽因踩在上面留下深深的脚印。她拿着手电筒探视，果然在一个檩条底部发现上面写着一些字，模糊朦胧看不清。林徽因立刻招呼大家过来查看。散落在寺内测量的众人迅速奔来，清洗完梁底的污垢后就看到了他们期待已久的证据——"佛殿主女弟子宁公遇"。再和殿前石柱上刻着的"大中十一年"相对应，可以确定佛光寺的建造时间就是公元857年，即唐大中十一年。

林徽因站在东大殿的台基上眺望远处连绵起伏的山峰和谷地，听

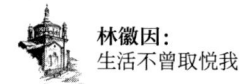
林徽因：
生活不曾取悦我

着深山鸟语，一时间仿佛穿越到了千年之前，看到了宁公遇心怀慈悲搭建佛光寺，看到了唐朝的子民在佛光寺殿前虔诚地跪拜许愿。这大概就是建筑的灵魂，在无形中诉说歌唱时光中漫不可信的变迁。

考察山西五台山的唐代木结构建筑佛光寺，是梁思成和林徽因在考察古建筑工作中最重要、最辉煌的发现。林徽因敏锐地留意到了佛光寺梁上的字迹，为确证寺庙的年代提供了有力依据。梁思成在《记五台山佛光寺的建筑》中说："这不但是我们多年来实地踏查所得的唯一唐代木构殿宇，不但是国内古建筑之第一瑰宝，也是我国封建文化遗产中，最可珍贵的一件东西。佛殿建筑物，本身已经是一座唐构，乃更在殿内蕴藏着唐代原有的塑像、绘画和墨迹。四种艺术萃聚在一处，在实物遗迹中诚然是件奇珍。"

发现佛光寺的这天，梁思成和林徽因等人还在荒僻寂静的深山里沉浸在发现唐代木构建筑佛光寺的喜悦之中。与此同时，华夏大地的另一边却响起了炮火轰轰的声音，揭开了战争的序幕，卢沟桥事变爆发了。

梁思成和林徽因等人走出五台山到了代县才知道，全国已经席卷进战争的硝烟之中。

这是一个摇摇欲坠的时代，中国营造学社同人争分夺秒地冒着战火行走在考察建筑的路上，生怕价值连城的古建筑被无情的硝烟摧毁。不幸中的万幸是，在卢沟桥事变爆发之前，他们实现了一直以来的期盼——找到唐代的木构建筑。这意味着中国建筑学者推翻了日本学者在世界公开声称中国境内没有唐代建筑的结论,更用实力证明了中国营造学社有不输于日本建筑学者的考察建筑的能力。只是,祖国山河却破碎了。

第七卷

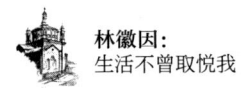
林徽因：
生活不曾取悦我

流亡昆明

卢沟桥事变后，林徽因和梁思成匆匆赶回北京的家中，看着宛平城、团河行宫等历史名城、名苑惨遭炮火摧残，心痛无比。战火迅速蔓延，不久，北京沦陷，梁思成收到一份日本军部发来的邀请他加入"东亚共荣协会"的请柬，梁思成当然不会同意，但是拒绝日军的要求会给家人带来生命危险，于是梁思成和林徽因便决定带着家人离开北京，躲避战乱。在离开北京之前，林徽因做了一次身体检查，医生发现她的肺部已经出现了空洞，警告她现在的身体情况绝不能疲劳奔波，但当时的情况非常紧迫，林徽因顾不了那么多。他们手忙脚乱地整理好多年来的建筑资料和心血，而后简单收拾行李，轻装出发。

宁静的生活在炮声中破碎不堪，逃难的人群哀号不绝，往日繁华喧闹的大街，如今已落寞褪色，一间间房屋沦为废墟，苍茫的天空中硝烟弥漫，放眼江山，满目疮痍。此时的林徽因三十三岁，人生最绚

第七卷

烂的篇章却在此时轰然合上，开启了狼狈的流亡生活。

九月初，林徽因一家五口乘坐火车到了天津，由于逃亡途中随身携带大量资料多有不便，他们唯恐遇到意外不能第一时间顾及，琢磨许久，还是决定把此前所有考察古建筑的资料存放在天津英租界英资银行保险库中。他们原以为英租界里的英资银行可以安全地保存这些资料，可是战乱年代，又有哪个地方可以免受战火的侵扰呢？后来天津沦陷，这些被梁思成和林徽因视若珍宝的建筑资料从此消失在战乱中。

十月初，听说清华大学搬到了长沙后，梁思成和林徽因一家人也往长沙进发。他们辗转于车站和旅店，艰难跋涉。在路上，林徽因左手拖着行李，右手牵着孩子，还得时时看顾年迈的母亲和腿有旧疾的梁思成，汗流浃背地行走在烈日下，疲惫和病痛正在抽空她体内的活力，她再也没有多余的目光去欣赏路上细碎的风景。

在路上辗转折腾了二十多天，一家人终于来到了长沙。与此同时，散乱在各地逃亡的一千六百名清华大学的师生也都会聚在这里，并搭建临时大学，准备从十一月一日开始恢复上课。梁思成和林徽因在北京的众多好友也相继赶来，这群人曾以讨论学术、汲取精神食粮为乐，如今聚在一起却都在关心国家的战乱局势，每天晚上歌唱抗战救亡的歌曲。

在此期间，林徽因曾给沈从文写了一封信，描述最近的生活近

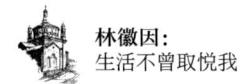
林徽因：
生活不曾取悦我

况："我们太平时代考古的事业，现时谈不到别的了，在极省俭的法子下维护它不死，待战后再恢复算最为得体的办法。个人生活已甚苦，但尚不到苦到不堪。我是女人，当然立刻变成纯净的糟糠的类型。租到两间屋子，烹调，课子，洗衣，铺床，每日如在走马灯中。中间来几次空袭警报，生活也就饱满到万分。"

对于林徽因来说，空袭警报在头顶上响起似乎已是生活中的常事。虽然她早就听闻过战争的残酷，但是怎样血腥的幻想画面都远不如直面真实的战场来得震撼。炸弹突然从天而降，落在林徽因住宅的隔壁，平地响起一声雷，梁思成和林徽因敏捷地抱起孩子躲起来，周围的建筑被炸得稀烂，地上都是焦黑的尸体和鲜血淋漓的残肢断臂，废墟残迹之中压着来不及逃走的人，烟尘飞扬，哀号遍野。

战争步步逼近，淞沪会战、太原保卫战、南京保卫战吞噬着中国战士的亡魂，上海、南京、杭州、济南先后沦陷，而武汉、长沙也开始不断遭到日军的轰炸。林徽因和梁思成不得不立刻收拾行李，赶往昆明。

从长沙到昆明，原本十天的路程，他们走了将近四十天。由于林徽因在途中患了肺炎，高烧不退，他们在邻近贵州的湖南小城晃县的一家小旅馆中住了两个星期，才继续赶路。到处都是逃亡的人群，导致交通工具稀缺，林徽因一家五口不得不每天凌晨一点就起床，只为能挤上拥挤的汽车。林徽因的肺病一直没有痊愈，挤在没有窗户的汽车里,呼吸着浑浊的空气,她觉得自己就像是一根耗尽力气飘浮在大海中的浮萍,随着汽车的颠簸起伏翻转。

1938年初,林徽因一家历经艰难,终于到达昆明。这里的天气晴朗,风景如画,古城小镇里家家户户种满了鲜花,道路由不同形状的碎石堆砌而成,路旁还有清澈的小溪流水,在阳光的折射下散发出耀眼的光芒。来到这个鸟语花香的地方后,林徽因和梁思成却面临着前所未有的困顿生活。物价飞涨,而营造学社的工作暂时都停下了,梁思成和林徽因没有了收入。幸好此时费正清夫妇来信说,梁思成的两篇论文在美国《笔尖》杂志发表。得知这个消息,梁思成和林徽因紧绷的精神才暂时得到了喘息,这不仅是支撑他们钻研学术的重要精神动力,还让他们得以用稿酬暂时应付疯狂飞涨的物价。

两人还没来得及松一口气,身患旧疾的梁思成却病倒了。还没离开北京时,梁思成的腰部和腿部就时时疼痛,必须穿着铁架子把腰硬撑起来,无论是躺着还是坐着都不方便,只能长时间站着。来到昆明不久,梁思成的背部疼痛加剧,旧疾越发严重,演化成了脊椎软组织硬化,背部肌肉痉挛,需要好好静养。

祸不单行的是,日本开启全面侵华模式,妄想在半年内攻下整个中国。而此时的昆明是中国获取国际援华物资和军需物资的战略物资中转站,日本为了切断中国的一切外援,得到情报后便迫不及待地轰炸昆明。林徽因一家刚在这里安定下来不久,又不得不立刻转营

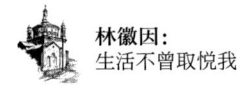
林徽因：
生活不曾取悦我

阵地。

她对这样的逃亡生活反感至极，写信给费正清夫妇说：

最最亲爱的慰梅、正清：我恨不能有一支庞大的秘书队伍，用她们打字机的猛烈敲击声去盖过刺耳的空袭警报，过去一周以来这已成为每日袭来的交响乐。别担心，慰梅，凡事我们总要表现得尽量平静。每次空袭后，我们总会像专家一样略作评论，"这个炸弹很一般嘛"。之后我们通常会变得异常活跃，好像要把刚刚浪费的时间夺回来。你大概能想象到过去一年我的生活大体内容，日子完全变了模样。我的体重一直在减，作为补偿，我的脾气一直在长，生活无所不能。

为了躲避轰炸，营造学社的同人跟随同样南迁昆明的中央研究院各研究所搬到昆明郊区龙头村。很多迁居到这里的学者要么就租用民房，要么就开始在龙头村建盖自己的新家。梁思成和林徽因也做了在这里长期居住的打算，便决定拿出所有的积蓄建造一间新房子。

由于梁思成白天得在外工作，所以建造房子的重担全部落在林徽因一个人身上。她后来回忆说："出人意料地这所房子花了比原先告诉我们高三倍的价钱，所以把我们原来就不多的积蓄都耗尽了，使思成处在一种可笑的窘迫之中……以至最后不得不为争取每一块木板、每一块砖乃至每一根钉子而奋斗……"不仅如此,林徽因还得帮忙运料、做木工和泥瓦匠,凡事都亲力亲为。

新房建好之后,一家人总算有了属于自己的住所。在这里没有水,没有电,没有交通工具,日子比以往要困苦得多。而操持家务、照顾子女的重任又全都落在了林徽因身上,不过让她欣慰的是,房子里有一张书桌,勉强让她有了一个安心工作的环境。

尽管生活简陋,但林徽因总能将生活过出诗意,她到野外拾回粗木板将房间的地面铺好,在靠窗的墙上置办了一个朴素的小书架,还去旧货市场淘了一些旧家具布置房间,家里的陶制土罐里也时常插着新鲜的野花。

梁再冰和梁从诫两个孩子没有真正体会认识到战争的残酷,只觉得不用上学便是极好的。在龙头村这间小小的房子里,林徽因经常在煤油灯下为孩子们讲解庄子《解牛篇》和《唐雎不辱使命》,还教导孩子们读了很多李白、杜甫的诗,特别是杜甫在四川时写的诗,让两个懵懂的孩子也产生了共鸣。

林徽因还经常带孩子们去邻近的瓦窑村,看老师傅在转盘上用窑泥制各种陶盆瓦罐。她比孩子们还要兴奋,总是对师傅手下瞬间出现的美妙造型赞不绝口,大呼小叫地要师傅"快停,快停",但老师傅根本不理会她,不动声色地照样拃他的痰盂。林徽因每次同别人聊起这些事,总是乐不可支。

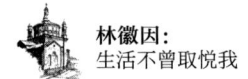
林徽因：
生活不曾取悦我

　　林徽因就是这样一个扎根在艺术和自然中的人，无论处于怎样荒凉的境地，落入怎样绝望的深渊，只要艺术的火苗不熄，她就能汲取温暖，向上生长，在苦难中开出花来。

蛰居李庄

1940年下半年，日军切断了滇越铁路，开始对昆明进行更加猛烈的轰炸。梁思成和林徽因一家人在龙头村居住不到半年，日军就开始对昆明实行"疲劳轰炸"。住在龙头村的史语所和营造学社的同人不得不时时丢开手里的工作，惊心动魄地躲避炮弹。梁从诫撰文回忆："有一次，日本飞机飞到了龙头村上空。低到几乎能擦到树梢，声音震耳欲聋。父亲把我们姐弟死死地按在地上不让动。我清楚地看见了敞式座舱里戴着风镜的鬼子飞行员，我很怕他会看见我，并对我们开枪。"

这年冬天，根据教育部指令，史语所和营造学社准备迁往长江上游的一个千年古镇——四川南溪县的李庄，一个"地图上找不到的地方"。梁思成和林徽因却突闻噩耗，他们当初逃离北京时存放在天津英租界英资银行的一大批建筑资料，因水灾和战乱全部失散毁坏，多年来的研究心血毁于一旦，沉重的打击让一向坚强的两人不禁失声

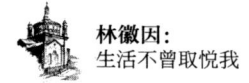
林徽因:
生活不曾取悦我

痛哭。

　　在出发前,梁思成突发高烧,需要暂时留下修养,林徽因不得不独自带着两个孩子和母亲,乘坐客车向李庄出发。客车里面装载了三十多人,人多物杂,车厢内拥挤不堪。大家都只好采取"骑马蹲裆式",把两脚叉开坐在行李卷上,尽量缩小空间。没曾想汽车行驶到离威宁县城城门几里处时却突然抛锚,此时天已黑透,人们既不能卸下行李直接进城,又怕行李留在车里被人偷去,只得留在汽车里过夜。梁从诫此时却突然发起了高烧,林徽因不敢耽误孩子的病情,只好拉着行李箱,抱着孩子带着老人,在深夜里向县城赶去,幸而最终在城中找到了医生。

　　经过十五天的跋涉,林徽因带着一家老小抵达了李庄。这是梁思成和林徽因带着一家人辗转流亡的第四个年头,从北京到天津,赴长沙,再到昆明,如今又随着中央研究院若干机构迁移到长江上游的李庄。这个之前默默无闻的古镇,如今却成了各类文化机构的保护所,一下子涌进来将近一万名学者。

　　在李庄,林徽因一家居住的地方叫月亮田,租住的农舍低矮破漏,竹墙外涂了一层薄薄的泥巴,墙缝里还透着风,环境极其简陋。更让人揪心的是,刚到李庄不久,林徽因的肺结核病情就加重了。之后在李庄的日子里,她几乎是在病榻上度过的。

　　李庄没有通电,极少与外界联系,居住在这里的人们大多自给自足，想要上街采购东西得走好长一段路程。可想而知，在这里别说先进的医疗技术，就连基本的医疗设备都没有。林徽因拖着病躯带着一家老小辗转逃亡，本就不容乐观的身体状况日趋衰败，几乎是整夜整夜地睡不着，不断地冒虚汗，一晚下来擦汗的毛巾就得用七八条。而家里唯一的体温计却被孩子不小心失手打碎，林徽因只能靠感觉估摸发烧的度数。这段日子里，林徽因几乎日日咳血，眼窝深陷，面色苍白，原本晶莹有神的双眸也失去了往日的神采。梁再冰看着母亲如同一朵即将凋谢的花儿一般，生怕母亲就这样离他们而去，经常一个人躲在角落里偷偷哭泣。

这是梁思成和林徽因经历的前所未有的凄凉生活，林徽因高烧不退，在生死线上挣扎，而梁思成要从昆明出发时，脚部感染了破伤风，被迫留在昆明治疗，治愈后又为了营造学社的经费辗转去了重庆。直到梁思成从重庆抵达李庄后，才发现林徽因的病情比在信中告诉他的要严重得多。面对家徒四壁、妻子病重在床的局面，梁思成濒临崩溃。与此同时，他年轻时车祸受伤的后遗症也不时发作，脊椎软组织硬化症使他必须穿上铁马甲才能坐直，经常痛得无法坐立，体重降到四十七公斤。而林徽因每天都需要打针，当地又没有这样的医疗条件，梁思成不得不学会了静脉注射。

即使是在这样艰苦的条件下，梁思成和林徽因依然没有抛下他们的学术理想。早在离开昆明前，梁思成便写了一封信给远在美国的好

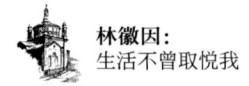

林徽因：
生活不曾取悦我

友费正清，请求费正清帮忙把他撰写的《在中国北部寻找古代建筑》投稿到美国《国家地理》杂志。信的最后，梁思成还十分尴尬地提及希望费正清能寄一些二手书过来，因为他和林徽因已经太久没有看过英文书籍了。林徽因也提笔写信给费慰梅，希望费慰梅能寄一些旧衣服过来。

在这样的处境中，梁思成也开始学着煮饭做菜，还从当地老乡那儿学会了腌菜，并试着用橘皮做果酱。后来家里实在揭不开锅了，梁思成只得到宜宾去当卖衣物，又把自己身上的派克金笔和手表送到当铺典当，换回两条草鱼。回到家后，梁思成还调皮地对林徽因说："把这派克笔清炖了吧，这块金表拿来红烧。"即使身在僻野山村，生活在社会底层，他们依然能以阔达的心境笑对生活。

林徽因只要一有空，就会给费慰梅写信。在信中，林徽因幽默地调侃着她和梁思成的生活处境："思成是个慢性子，一次只愿意做一件事，最不善处理杂七杂八的家务。但杂七杂八的事却像纽约中央车站任何时候都会抵达的各线火车一样冲他驶来。我也许仍是站长，但他却是车站！我也许会被碾死，他却永远不会。"令人不得不感慨林徽因平静和美的心态。她经常在菜油灯下，做着孩子的布鞋，烹调便宜的粗食，却又为营造学社仍能不动摇地继续做他们的工作而感到高兴。

梁思成和林徽因还接受了国立编译馆的委托，编写《中国建筑史》。这也是他们早年的理想，希望能把先辈们遗留的建筑秘籍都解答出来并传承下去，并将自己从国外学到的先进的西方建筑技术和国内的建筑结构结合起来，撰写出一本真正意义上关于中国的建筑史。

1942年，梁思成在昏暗的煤油下伏案撰写《中国建筑史》。林徽因希望能在文献资料方面帮助梁思成，就到史语所借了《史记》《汉书》等书回家。她的书案上、病榻前堆积起厚厚的《二十四史》和数以千计的照片、实测草图、数据以及大量的文字记录。承担了《中国建筑史》全部书稿的校阅和补充工作，并执笔书写了第七章五代、宋、辽、金部分，这一章也是全书的主干。

虽然林徽因经常咳血，但是每当沉浸在写作中时，她都能忘记自己身体的痛苦。梁思成也是如此，他常常挑灯彻夜绘图，因为脊柱严重受损，他俯身在画板上时经常要用一个小花瓶支住下颌，以减轻头部对脊柱的拉押。费慰梅回忆说："思成的体重只有四十七公斤，每天和徽因工作到夜半，写完十一万字的《中国建筑史》，他已透支过度。但他和往常一样精力充沛和雄心勃勃，并维持着在任何情况下都像贵族一样高贵和斯文。"

经过多次通信，费正清和费慰梅了解到梁思成和林徽因在李庄的困境后，多次来信劝他们来美国治疗、工作，梁思成和林徽因都婉言谢绝了。他们在给费正清夫妇的回信中说："我们的祖国正在灾难中。我们不能离开她，假如我们必须死在刺刀或炸弹下，我们要死在祖国

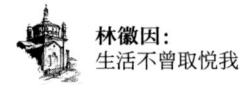

林徽因：
生活不曾取悦我

的土地上。"林徽因和梁思成报国的决心，不仅表现在他们的言语和文字中，更体现在行动上。

1944年末，日军攻陷桂林，一路北进，大有直扑四川之势，李庄地区人心惶惶，梁思成和林徽因也做好了最坏的打算。

儿子梁从诫问林徽因："如果日本人打到四川你们怎么办？"

林徽因特别平静地回答："中国读书人不是还有一条老路吗？咱们家门口不就是扬子江吗？"

梁从诫急了，又问："我一个人在重庆上学，那你们就不管我啦？"

病榻上的林徽因握住儿子的手，满怀歉意地小声说："真要到了那一步，恐怕就顾不上你了。"

听到母亲的这句话，梁从诫的眼泪夺眶而出。他后来回忆说："我当时看着妈妈，我就觉得她已经不是我熟悉的那个妈了，她好像变成另外一个人，面对死亡，那样超脱。"

梁思成和林徽因在国家危难时有如此气节，与父辈对他们的教育脱不了关系，救亡图存是他们父辈的夙愿。如今梁思成和林徽因虽未能上阵杀敌，但也坚定地留守后方，哪怕逃亡路上艰难困苦，都不愿在沦陷区为日军掣肘。李健吾先生听闻林徽因罹患重病也不愿离开祖国时，曾激动地说："她是林长民的女公子，梁启超的儿媳。……美国聘请他们夫妇去讲学，他们拒绝了，理由是应该留在祖国吃苦！"

最终，梁思成和林徽因共同完成了十一万字的《中国建筑史》初稿，这是第一本中国人自己撰写的中国建筑史。这部《中国建筑史》是梁思成和林徽因才气学识的体现，更是一代中国优秀知识分子向苦难中的祖国捧出的赤诚之心。

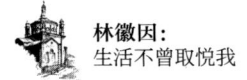

北归

  1945年,八月,日本侵略者宣布无条件投降,抗战胜利的消息野火燎原般迅速传遍全国,大街小巷挤满了欣喜若狂的人。林徽因坐着滑竿来到李庄镇,汇入狂欢的洪流。她缠绵病榻五六年,这是第一次走出家门一里外。林徽因特意换了身新衣服,虽然病情沉重,但抗战胜利的喜悦增长了她的精神,趁着这次机会,她专程去了梁再冰就读的同济附中,引起了全校的轰动,返程的路上还看了一场排球比赛。在李庄蛰居这么多年,林徽因第一次如此开心畅快。

  期盼多年的和平终于到来,林徽因已经迫不及待地想要回到阔别已久的故园。临行前,她给费正清写信说道:"此外,我们是在远隔故土,在一个因形势所迫而不得不住下来的地方相聚。渴望回到我们曾度过一生中最快乐的时光的地方,就如同唐朝人思念长安、宋朝人思念汴京一样。我们遍体鳞伤,经过惨痛的煎熬,使我们身上出现了或好或坏或别的什么新品质。我们不仅体验了生活,也受到了艰辛生活的考验。我们的身体受到严重损伤，但我们的信念如故。现在我们深信，生活中的苦与乐其实是一回事。"这份炙热的乡情在多年苦难的磨砺中反而更显豪迈。

费慰梅也急着探望老朋友，她先安排林徽因离开李庄到达了重庆。终于有了足够的医疗条件，林徽因的病已经不能再耽误了，在梁思成的陪同下，林徽因在重庆检查了身体。林徽因第一次来到重庆，又恰逢人们庆祝抗战胜利，处处欢声笑语，她实在是难以抑制激动的心情，却碍于病情，大部分时间只能待在中央研究院招待所的宿舍里。幸好，还有费慰梅的陪伴。在林徽因身体条件允许的情况下，费慰梅会开着吉普车带着林徽因穿越大街小巷去看电影，还带林徽因去梁从诫就读的南开中学参观，并在美国大使馆用餐。有费慰梅在身边，林徽因生活中的色彩又被一一点亮。

事实上，林徽因这次到重庆最主要的目的是治病，费慰梅找来了美国著名的胸外科医生里奥·埃娄塞尔博士为其进行治疗。检查结果显示，林徽因的两肺和一个肾都已感染结核，存活期或许只剩五年，对于这种情况，再厉害的医生都无法妙手回春。梁思成听到这个诊断结果时实在无法接受，几度想要开口质问，却无法组织言语。虽然他们都没有告诉林徽因她的病情的真实情况，但林徽因却像是早已体察了一切，并没有追问，只是一如既往地平静。

在费慰梅1945年写给母亲的信中，我们可以看到当时的时光剪影：

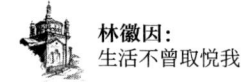

林徽因：
生活不曾取悦我

思成和徽因都在这儿，这是过去五年来徽因第一次离开李庄。她走进我们在重庆的房间时，气喘吁吁的感慨道："真像走进了杂志中。"因为过去几年中只有在杂志里，她才见过壁炉和带灯罩的灯……一切一切让她感到极度的新鲜刺激，她目不暇接地盯着眼前出现的各种新式服装、书籍、绘画……盯着在她看来如此变幻莫测的城市重庆。可是这一切并不意味着她的健康状况有所好转。这里最有名的胸科医生替她做了检查，医生告诉我她的双肺和肾脏均已感染，医生留给她的时间或许只有几年，最多五年。在她短暂而灵动的生命即将走到终点时，她依然活力四射的拥抱生活的每一个赐予，直到走向生命的尽头……

1946年，七月底，经历了九年的流亡生活后，梁思成和林徽因终于回到了北京。战后的北京一派劫后余生的荒凉景象，一切都等待着重建。梁思成作为一名建筑学家，已经在规划着如何重建家园了。他给清华大学的校长梅贻琦写信，建议在清华大学开设建筑系："月函我师，母校工学院成立以来，已十余载，而建筑学始终未列于教程。国内大学之有建筑系者，现仅中大、重大两校而已。抗战军兴以还，各地城市摧毁已甚。将来盟军登陆，国军反攻之时，且将有更猛烈之破坏，战区城市将尽成废墟。英苏等国，战争初发，战争破坏方始，即已着手战后复兴计划。反观我国，不惟计划全无，且人才尤为缺少。"梅贻琦同意了梁思成的请求，顺势聘任他担任建筑工程学系主任，并与中国营造学社合作成立建筑研究所，由梁思成任所长。

梁思成在清华大学的工作稳定下来后，带着一家人搬进了清华园新林院八号教授楼。1949年秋，清华大学的新学期开始了，梁思成却在这时受到国民政府教育部的委托，需要赴美考察战后的美国建筑教育，还接受了耶鲁大学聘请，做为期一年的讲学，教授《中国艺术史》。系主任暂时由二十四岁的吴柳生代理，吴柳生本是清华大学土木系的教授，他并不过问建筑系的专业事宜，凡事都找在宿舍养病的林徽因做决定。

林徽因不在清华大学担任正式教职，只是清华大学的客座教授，不被列入教师编制，也不领工资，却扛起了清华大学建筑系的重担。建筑系创建初期，只有林徽因和吴良镛两名教师，从课程设置到聘用教员、组织教学，再到添置设备，林徽因都参与其中，运筹定夺。因为林徽因之前在东北大学创建建筑系有了丰富的经验，再加上吴良镛强大的执行力，清华大学的建筑系很快就搭建了起来。

梁思成处理完在美国的事宜回到国内后，林徽因依旧是清华大学建筑系的主心骨。哪怕身体早已经支撑不住这样高强度的工作，林徽因仍是把一颗心都系在了建筑系的教务上，连系务会议都是在家里的客厅中召开的。林徽因躺在卧室的床上听着梁思成主持会议，还经常在会议中唤梁思成进卧室，向他提出自己的建议，再由梁思成将建议

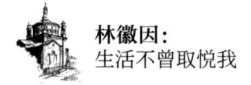

转述给大家。对于这样的情况,同事和学生们都习以为常,甚至早就把梁思成和林徽因两人看作一个整体。

尽管林徽因的意志十分坚强,但是身体却已经是强弩之末了,她的肺结核已经感染到了肾部,必须要进行手术。在此之前,她不忘写信给费慰梅交代自己的情况:

我还是告诉你们我为什么来住院吧。别紧张。我是来这里做一次大修。只是把各处零件补一补,用我们建筑业的行话来说,就是堵住几处屋漏或者安上几扇纱窗。昨天傍晚,一大队年轻的住在院里的实习医生,过来和我一起检查了我的病历,就像检阅两次大战的历史似的。我们起草了各种计划(就像费正清时常做的那样),并就我的眼睛、牙齿、双肺、双肾、食谱、娱乐或哲学,建立了各种小组。事无巨细,包罗无遗,所以就得出了和所有关于当今世界形势的重大会议一样多的结论。同时,检查哪些部位以及什么部位有问题的大量工作已经开始,一切现代技术手段都要用上。如果结核现在还不合作,它早晚是应该合作的。这就是事物的本来逻辑。

她在这封信中表现得十分乐观,故作轻松,也许只是不想让远方的朋友担心吧。可实际上,林徽因的处境非常危险,在当时的医疗条件下,进行肾脏摘除手术的风险极高。然而除此之外,已别无他法。

第七卷

林徽因在上手术台之前，还写了一首诗《写给我的大姐》，更像是她准备的遗言：

当我去了，还有没说完的话，
好像客人去后杯里留下的茶；
说的时候，同喝的机会，都已错过，
主客黯然，可不必再去惋惜它。
如果有点感伤，你把脸掉向窗外，
落日将尽时，西天上，总还留有晚霞。

一切小小的留恋算不得罪过，
将尽未尽的衷曲也是常情。
你原谅我有一堆心绪上的闪躲，
黄昏时承认的，否认等不到天明；
有些话自己也还不曾说透，
他人的了解是来自直觉的会心。

当我去了，还有没说完的话，
像钟敲过后，时间在悬空时暂挂，
你有理由等待更美好的继续；

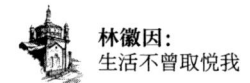

林徽因：
生活不曾取悦我

对忽然的终止，你有理由惧怕。
但原谅吧，我的话语永远不能完全，
亘古到今情感的矛盾做成了嘶哑。

大姐是林徽因的大姑妈的长女王稚桃，也是当年培华中学的四姐妹之一。林徽因回想起那天在培华中学门口的合影，四个少女朝气蓬勃。只是，那天的阳光好像已经离自己很遥远了，其他三人还在热烈绽放，而她自己却正在凋谢。

手术是在白塔寺医院进行的，非常成功，林徽因的身体状况得到了极大的改善，夜间已经能连续睡上四个小时了，精神状态也在逐渐好转。生命力恢复的同时，林徽因也诗兴大发，一连寄出十六首诗，陆续刊登在《文学杂志》《益世报》的文学副刊和《经世日报》的文艺副刊上。不仅如此，她还兴致勃勃地整理家中的旧诗稿，准备出本自己的诗集。却没有想到时局突然发生巨变，北京迎来了解放，但她出版诗集的梦想却在这样的变动中化为泡影。

1948年，国民党政权气数已尽，打算退到台湾。此时国内的学术精英和知识分子成了国共两党争夺的对象，教育部督学来清华交换迁校意见时，林徽因和梁思成对国民党当局的黑暗统治早已失望透顶，又放不下研究中国建筑史的事业，虽然两人当时对共产党人的了解不多，但还是当即表示坚决留在北京。林徽因还对其他留下来的同事说:"放心吧,我们不会走的,我们与你们一起迎接解放。"

1948年底,平津战役开始之前,毛泽东曾向指挥部发出指示,要求注意保护清华、燕京等校和市郊名胜古迹等。当然,这绝对不是说说而已。一天,张奚若带着两名年轻的军人来到新林院八号,专程来找梁思成和林徽因,请求他们在军事地图上标出城内需要保护的古建筑位置,好在作战的时候避开这些珍贵文物。梁思成和林徽因担忧多日的事情终于得到解决,这也让两人对即将解放中国的新当权者有了全新的认识。接着,梁思成和林徽因及建筑系同人在一个月内完成了厚厚一册《全国重要文物建筑简目》,发放到了接管人员手中,避免了这些文化宝藏的损毁。

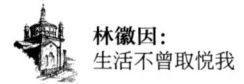

林徽因：
生活不曾取悦我

国士无双

1949年，一月三十一日，北京和平解放了。一切都焕然一新，朝气蓬勃。林徽因的精神格外的好，迫不及待地参加到新的建设中。

解放之初，林徽因先后被聘为北京市都市计划委员会委员、人民英雄纪念碑委员会委员，还当选为北京市第一届人民代表大会代表、全国文代会代表……林徽因的人生从此发生了翻天覆地的变化，有了新的社会地位。梁从诫后来解释说："在旧时代……她虽然也在大学教过书，写过诗，发表过学术文章，也颇有一点名气，但始终只不过是'梁思成太太'，而没有完全独立的社会身份。"林徽因真正地为自己能够参与具有重大意义的实际建设工作而感到兴奋和骄傲。

林徽因还被清华大学聘为建筑系一级教授，主讲《中国建筑史》课程，并为研究生开设《住宅概论》等专题课。有一次，她给建筑系的学生们布置的毕业选题是调查北京附近遗留下来的清代蓝旗营民居，学生们几乎每个礼拜都要来找林徽因汇报论文。此时的林徽因身形十分消瘦,脸上颧骨突出,声音虚弱,但是跟学生们谈论学术时却滔滔不绝,头脑十分清晰。有时候学生们去得早,碰上林徽因刚起床还在不停地咳嗽,她总是会把自己的难受劲儿挺过去,再跟学生们讨论。如果实在难受得不行,她就用手捏住自己的嗓子,再继续分析论文。

新中国宣告成立前夕,新政治协商会议筹备会常务委员会在《人民日报》等各大报刊上登载了公开征求国旗、国徽、国歌、纪年、国都等方案。其中国徽图案的设计要求是:(一)要有中国特征;(二)要有政权特征;(三)形式要庄严富丽。八月二十日评选截止,从收到的九百多件应征的国徽设计图案中,挑选了二十八件提交给国徽评选小组进行初选。因这二十八件均被否决,于是国徽评选小组以收到的作品过少且无法采用为由,决定另请专家拟制国徽图案。

中央美术学院和清华大学承担了这一重任,这一任务也就落到了梁思成和林徽因肩上,由于梁思成过于繁忙,只能担任组织和领导工作,实际具体工作便主要由林徽因和她的合作者及助手完成。他们忙碌了两个月后,清华大学送审了第一稿国徽设计方案,但是却并没有通过,因为审查委员会提出,在国徽上加上天安门的图案会更好。于是,清华大学和中央美术学院的这两个设计小组不得不重新开始设计。

林徽因和梁思成对天安门十分了解,他们早就测绘过天安门和故

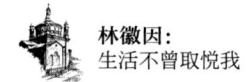
林徽因：
生活不曾取悦我

宫，还保存着天安门的平面图、立面图和剖面图。林徽因和设计小组一起讨论、修改，画了无数张草图，提出了无数个建议，修改了无数个细节。为了完成好国徽的设计工作，他们通宵达旦地忙碌着，整个家都变成了工作间。家里随处可见各个国家的国徽，桌子、椅子、沙发上都是各种草图。林徽因卧在病榻上，只能靠着枕头在床上的小杌上做图，实在累得支持不住了就躺一会儿，然后再接着画。

在林徽因和其他小组成员的共同努力下，新的国徽图案又制定好了。图案的底色是红的，正中是金色浮雕的天安门图案，省去了天安门的烦琐细节，使之更加庄严肃穆。天安门的上方是金色的五星，在红色底色的映衬下仿佛一面铺天盖地的五星红旗，象征着中国共产党的领导和全国人民的大团结。国徽图案的下方，是一个完整的金色齿轮，两旁围绕着金色稻穗，并用红色绶带将之联系在一起，庄严美丽，醒目大方。这款国徽图案既有鲜明的民族特征、革命特征，又能体现中国悠久的文化传统。

梁思成和林徽因提交了国徽的设计方案后，因为过度劳累双双病倒。当清华大学小组设计的国徽图案最终被选定的消息传来，大伙儿举办了庆功宴庆祝，还拿着几次易稿的九张设计图一起合影留念，庆功宴和合照中却都缺席了梁思成和林徽因这两位最重要的成员。

国徽设计成功后，清华大学又承担了人民英雄纪念碑的设计任务。1951年，梁思成、刘开渠主持设计人民英雄纪念碑。林徽因被任命为人民英雄纪念碑建筑委员会委员,承担了设计碑座饰纹和花环浮雕的任务。

此时的林徽因身体依然虚弱,但她总是没办法闲下来,有十分力气也要使出十三分。金岳霖曾无奈地说:"问题在于而且始终在于,她缺乏忍受寂寞的能力,她倒用不到被取悦,但必须老是忙着。"林徽因在有事可忙时,反倒忘了身体上的痛苦。

这次任务中,林徽因负责带着刚从建筑系毕业的关肇邺绘制人民英雄纪念碑浮雕图案,每天早上八点,这个小伙子便准时来林徽因家报道。回忆起那段共事的日子,关肇邺道:"有一次她让我画一个图画,当然我一个年轻人,我并没有很高的修养,所以我照着她给我的样子来画,画的时候我觉得有一点软,线条比较软。后来给她看,她说你这个是乾隆 taste,就是乾隆趣味,就是很俗的一种趣味,乾隆 taste。这种东西不能代表我们的英雄,英雄纪念碑,这不能代表我们的英雄。她马上提到乾隆的其他问题,乾隆的书法也是这样一个味道,她就可以从这个本来为了是解决一个图案一下子转到乾隆的很多事情,当然她也不是简单地说乾隆,就讲到艺术的规律,在什么样的情况下要出现什么样的艺术。后来她说你还是在盛唐时代的风格里头找灵感。"

关肇邺本以为林徽因会训斥他,心里也做好了挨训的准备,结果林徽因的话锋一转,说到乾隆的其他问题,甚至谈到了艺术的规律等

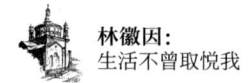
林徽因：
生活不曾取悦我

话题，让这个年轻人松了一口气。慢慢地，关肇邺和林徽因接触多了，发现和林徽因的相处过程是十分有趣的。她不会高高在上地把自己当导师，而是以一种平等的、相互尊重的方式和同学们交流。在这个过程中，关肇邺感受到了林徽因的博学，每天都能在与林徽因的交流中得到不同的收获。

林徽因在宾夕法尼亚大学求学时就喜欢研究各种美轮美奂的图案，和营造学社同人在山野中考察古建筑时，更是惊喜于一处处石窟、造像、佛龛、浮雕等建筑上的独特纹饰。在二十世纪五十年代初，她迷恋地研究中国装饰图案艺术的演变。对于人民英雄纪念碑碑座饰纹和花环浮雕的设计，正好把林徽因多年的兴趣发挥到极致。

设计过程中，林徽因在卧室兼书房里安放了两张绘图桌，从总平面规划到装饰图案，她都逐一斟酌推敲，反复研究每一个细节。每绘一个图样都要逐级放大，审看视觉效果，直至最后定案。林徽因决定以唐代风格为人民英雄纪念碑的主要风格，取盛唐文化细腻、繁华、精美的优点；用代表高贵的牡丹、代表纯洁的荷花、代表坚韧的菊花作为装饰花环的花卉；用小须弥碑座的八个大花环浮雕与大须弥碑座的八幅近代历史浮雕相互映衬，精致大气又具有艺术韵味。

林徽因精益求精、独具匠心的设计成果没有让人失望，建筑委员会通过了林徽因的设计方案。

没过多久，林徽因又接到一项任务——为亚太地区和平会议代表

第七卷

设计制作景泰蓝等工艺品。林徽因向来对手工艺术感兴趣,她曾说:"中国的衣食住行是一种艺术,也是一种文化,处处体现出人的精神和意志,是我国光彩夺目的文化财富之一。"她认为艺术是依托于人存在的,而且就扎根于人们的日常生活中。林徽因热心地推动着传统工艺品的设计改革,沉迷于研究各种手工艺,包括景泰蓝、雕漆、玉雕、牙雕、内画壶、木版水印等。

林徽因在留学时便是美术专业,搞工艺美术可以说是她的老本行。景泰蓝是明朝时最流行的手工艺品,达官贵人们最喜欢在家中摆上几件景泰蓝作为装饰,尽显精美华贵。到了清朝,景泰蓝成了皇家御用,只有显赫的达官贵人才有机会接触到景泰蓝,林徽因也只在儿时看到过祖父家里摆放过精美的景泰蓝。如今时代变换,景泰蓝不再是达官贵人所宠爱的物件,大街小巷的摊位上随处可见各式各样图案的景泰蓝,却鲜有人问津。

有一天,梁思成和林徽因在一处古玩摊前发现了一只景泰蓝花瓶,很是喜欢。老摊主却不断感叹着:"这是正宗老天利的景泰蓝,别处已经很难见到了。就是在北京,像老天利这样的大字号,也已经快要做不下去了。北京的景泰蓝热闹了几百年,到这会儿算是要绝根儿了。"两人听完后便在老摊主面前坐了下来,详细地了解了景泰蓝所面临的困境。

景泰蓝又叫铜胎掐丝珐琅,由于在明朝景泰年间最为流行,主体

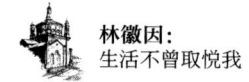
林徽因：
生活不曾取悦我

颜色又多为孔雀蓝豚釉料，所以得名景泰蓝。其制作集造型艺术、雕刻工艺、镶嵌技术、玻璃冶炼等于一体，古朴典雅，精美华贵。得知景泰蓝的困境后，林徽因认为景泰蓝可以算得上是中国的"国宝"，绝不能让它在新中国失传。于是便与梁思成再三商量，决定在清华大学成立一个美术小组，负责抢救景泰蓝这一传统工艺。

林徽因本打算带着美术小组深入景泰蓝的生产车间，了解景泰蓝的生产流程，这样才能知道问题出在哪里。然而林徽因在整个北京城寻访了一整天，也没见到生产景泰蓝的地方，后来还是多处问询，才在破旧的老街中找到一处制造景泰蓝的小作坊。

小作坊里只有几个上了年纪的老师傅，守着卖不出去的货物，显得无所事事。林徽因说明来意后，老师傅们瞬间泪流满面，纷纷表示愿意全力配合他们的工作。林徽因在作坊中看着师傅们按照掐丝、点蓝、烧蓝、磨光、镀金的工序流程工作，每一道工序都精益求精、完美无瑕，为何这些精品如今却不再受人追捧了呢？直到师傅们给景泰蓝的图案上色时，林徽因才发现了问题所在，生产的成百上千个景泰蓝，采用的图案竟然只有荷花、牡丹和莲纹这几种花色图案，几百年都没有太大的变化，这大概是景泰蓝无法发展的原因之一。

林徽因首先要解决的就是图案的问题，她组织美术小组的成员研究中国自古以来的装饰图案，并发动大家为景泰蓝设计新的图案。不久，新一批的景泰蓝被设计制作完成，这批景泰蓝图案的设计灵感有的出自汉代刻玉纹样，有的出自敦煌北魏藻井，有的出自隋唐边饰图案，也有的出自宋锦草纹和明清彩瓷……其中尤以祥云火珠的图案最是简洁明快，敦煌飞天的形象最是浪漫动人。

随着亚太地区和平会议在北京顺利召开，和平礼物被送到亚太各国代表的手中。著名芭蕾舞演员乌兰诺娃得到了飞天图案的景泰蓝，这位"天鹅公主"喜欢极了："这是代表新中国的新礼物，真是太美了！"

经过林徽因亲手组织抢救的景泰蓝，重放异彩，在世界民族工艺特产中拥有了独特的地位。在新中国的建设中，梁思成和林徽因以设计师的身份在经济建设和文化建设中鞠躬尽瘁，正如梁思成曾感慨的那样："以国士待之，以国士报之。"

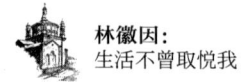

生命的寒冬

1953年的冬天似乎比往年更加萧瑟，凛冽的北风呼啸着刮过，一排排树木只剩下光秃秃的树枝，毫无生机，道路两旁覆盖着多日不化的残雪，更添几分寒意。

林徽因在寒冬天气中十分难挨，任凭盖上多么厚实的被子，依然冷得发抖。她总是被寒冷折腾得整夜整夜不能入睡，以往只要吃了安眠药便能安心睡上几个小时，如今连药物都无法奏效了。梁思成想方设法提高室内的温度，在房间中点上了几个火炉，还把家里的窗户墙壁全用牛皮纸糊起来，不让一丝风吹进来。

尽管如此，林徽因心中郁结，仍是无法安心休养。

事情还要追溯到这年的十月，中国建筑学会成立，梁思成被推举为副理事长，林徽因被选为理事，两人还同时兼任建筑研究委员会委员。然而，与此同时，北京城却兴起了"拆城墙"运动，这让梁思成和林徽因措手不及。

第七卷

梁思成和林徽因深深地爱着北京这座沧桑古朴又庄重威严的城市，它是世界上现存的最伟大的中古时代城市，承载着三千多年历史的情感和记忆。在为学生授课的过程中，林徽因多次向学生们介绍北京的历史："北京城几乎完全是根据《周礼·考工记》中'匠人营国，方九里，旁三门，国中九经九纬，经涂九轨，左祖右社，面朝后市'的规划思想建设起来的。"

林徽因还在自己的小诗《城楼上》写道："你爱这里城墙／古墓，长歌／蔓草里开野花朵。"并在考察笔记中感叹："北平四郊近二三百年间饶有趣味的古建筑，无论哪一个巍峨的古城楼，或一角倾颓的殿基的灵魂里，无形中都在诉说，乃至于歌唱，时间上漫不可信的变迁。"在林徽因眼中，从金碧辉煌的宫殿到气势巍峨的城墙城门，从和平宁静的四合院到建筑群落上开阔的天际线。这些固有的风貌，是北京古城的精魂，所以她坚决反对拆毁城墙。

为阻止古城墙被拆，梁思成和林徽因投入到保卫古城的"战役"中，他们甚至想出了一个奇妙的构想——"城市立体公园"，即城墙上可以修建花池、栽种植物，供市民登高、乘凉，城墙角楼等可以辟为陈列馆、阅览室或茶点铺。

不过这个构想并没有被采纳，梁思成和林徽因等人还被划为"城墙派"。北京市委领导认为，城墙是古代的防御工事，是封建帝王为镇压农民起义而修建的，乃是封建帝王统治的遗迹，必须拆除。

林徽因：
生活不曾取悦我

时任北京市副市长的吴晗，担起了解释拆除古城墙工作的任务。在这个过程中，梁思成和吴晗之间发生了激烈的争论，吴晗坚定地坚持立场，把梁思成气得眼圈泛红，强忍眼泪。也许只有热爱建筑的人才能懂得古老建筑的价值，才会倾尽全力去保护和珍惜，可是当时整个北京城内，别说热爱建筑的人，就连懂建筑的人也不多。所以保卫一战，注定失败和落空。梁思成和林徽因竭尽全力地四处奔走、苦苦相劝，都徒劳无功。面对古建筑被大规模地拆除，林徽因感到挫败和无力。

梁从诫的《倏忽人间四月天》中有这样的描述："五百年古城墙，包括那被多少诗人画家看作北京象征的角楼和城门，全被判了极刑。母亲几乎急疯了。她到处大声疾呼，苦苦哀求，甚至到了声泪俱下的程度。……然而，据理的争辩也罢，激烈的抗议也罢，苦苦的哀求也罢，统统无济于事。"

在一次文化部的酒宴上，林徽因遇见了吴晗，她忍不住大声谴责："你们真把古董给拆了，将来要后悔的！即使再把它恢复起来，充其量也只是假古董！……等你们有朝一日认识到文物的价值，却只能悔之晚矣，造假古董罢了。"历史验证了她沉痛的预言。

美丽古都奇观的梦想在林徽因面前轰然崩塌，碎了无数块，她只能在病榻上见证着，五百年来在战乱和风雨中得以完整幸存的北京古城墙，却在和平建设中被当作封建遗迹被彻底铲除。

可笑的是，在四十年后，北京市开始修缮一小部分破损的明清城墙，整个北京城都掀起了一场捐献旧城砖的活动。然而，那时的林徽因已经长眠地下，再也看不到了。

1954年，林徽因当选为北京市人民代表大会代表。没过多久，林徽因的身体状况越来越糟糕，不得不住进了同仁医院。她的眼窝深陷，脸上毫无血色，瘦得形销骨立。夜不能寐，却还保持着积极乐观的心态。十月初，她写信给费慰梅，告知自己的病情。

林徽因又一次要上手术台了，朋友们来看望她时都忧心不已。林徽因一直故作轻松地安慰众人，让朋友们都宽慰了很多。但是她留给费慰梅的信却似乎是在告别："再见，我最亲爱的慰梅。要是你忽然间降临，送给我一束鲜花，还带来一大套废话和欢笑该有多好。"

这次手术，林徽因还是从死神手中逃出来了，然而她的身体却没有逐渐好转，只能一直躺在医院的病床上，只有年迈的老母亲在身边照顾着。

梁思成的身体本就虚弱，在照顾林徽因的过程中，他被传染的肺结核复发，必须住院治疗，也住进了同仁医院。他们的病房相邻，只需要走两分钟便可见到对方，但是两人都无力下床行走，只能靠送药的护士帮忙传递纸条，才能得知对方的情况。

待到梁思成的病情好转，医生允许他下床活动后，他就迫不及待地来到林徽因的病床前。在他们一起度过的这么多年里，梁思成在林

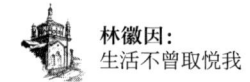
林徽因：
生活不曾取悦我

徽因面前一直都是静静倾听的角色，如今角色互换，变成了林徽因听着梁思成回忆从前的趣事。当时梁思成正在被"批判"，但是他默默地独自承受来自外界的苦难，在林徽因面前依旧轻声慢语地谈天说地。很多时候，林徽因只是一语不发地听着，温柔地注视梁思成很久很久……

1955年，三月三十一日的深夜，林徽因似乎知道自己已经油尽灯枯了，她用微弱的声音跟护士说，想要见一见梁思成。护士回答说，已经太晚了，明天再说吧。可是，林徽因已经没有力气等待明天的来临。

四月一日，清晨六时二十分，林徽因安然地跟随死神离开了人间。梁思成失声痛哭，喃喃自语："受罪呀，徽，受罪呀，你真受罪呀！"

四月二日，《北京日报》刊登讣告，治丧委员会由张奚若、周培源、钱端升、钱伟长、金岳霖等十三人组成。在众多花圈挽联中，金岳霖写的挽联异常醒目："一身诗意千寻瀑，万古人间四月天。"有人说，这是对林徽因一生最好的诠释。

林徽因的遗体，被安葬在八宝山革命公墓。梁思成和林徽因曾有一个约定，以后不管谁先走，留下来的这个人都得为先走的那个人设计墓碑。当时的梁思成并没有意识到，这个约定成真时，他会承受多么残酷的伤痛。梁思成怀着悲痛的心情，亲自为爱妻设计整座墓体，墓身没有一字遗文。墓由人民英雄纪念碑建筑委员会负责修建，还将林徽因生前为纪念碑设计的饰雕刻样用在了她的墓碑上，碑的上方刻着："建筑师林徽因之墓"。

童年时期，林徽因作为"天才般的女儿"，过早地操持着家庭的大小事务；少女时代，林徽因立下了远大理想并为之不懈努力，同时坚持着自己的爱情底线和原则；东北任教时，林徽因筚路蓝缕，在无例可循中给中国的建筑学建章立制；富足安乐的诱惑前，林徽因跟着丈夫跋山涉水寻访古建筑，为中国的建筑事业四处奔走；战乱中流亡时，林徽因在荒芜中汲取艺术的养分，在无尽的坎坷颠簸中撰写《中国建筑史》；中年困顿时，林徽因一贫如洗、疾病缠身，却拒绝了去美国治病的邀请，执意留下来建设祖国；生命最后的时光里，林徽因拖着病躯之身，用尽全力弹奏出自己生命的英雄乐章……

林徽因的一生落幕了，但是在时光长河中，她的风华依然绽放着绝美的光彩。